非行・犯罪からの立ち直り

保護観察における支援の実際

長尾和哉

金剛出版

まえがき

　犯罪が発生すると，犯人が捕まり，裁きを受けるまでは，世間の注目を集めますが，その後については，報道されることもなく，厚いベールに覆われています。犯罪歴という最も知られたくない過去を抱え，立ち直ろうとする姿を好奇の眼に晒すわけにはいかず，その実像に迫ろうとするとき，法制度の解説や統計の分析に終始することは，ある意味，やむを得ないことです。とは言え，理念や数字ばかりが先行し，最前線で生起している現象がないがしろにされるとしたら，いかなる法制度も「絵に書いた餅」となりかねません。

　本書は，非行のある少年や犯罪をした者を主人公とする「保護観察」という舞台の上で，更生に向けての筋書きのないドラマがいかにして展開されたのかということを念頭に置きつつ，個人が特定されないよう細心の注意を払いながらも，本質的な部分を抜き出した上で，最前線で目の当たりにした情景や然るべき戦術などを述べたものです。心理学や社会学の知見を生かし，立ち直りの舞台裏や仮面を外した主人公の素顔に迫ることも試みました。

　保護観察における主人公は，立ち直りの舞台を与えられた上で，通常の社会生活を営んでいますが，舞台袖で見え隠れする保護観察官の監督の下，脇役として登場する保護司による定期的な面接を受けることが義務づけられています。このほかに舞台に登場する人物としては，主人公によって違いがあるものの，その多くは，家族，雇主，教師，友人，恋人などです。残念ながら，警察官が登場する場面も少なくありません。

　「保護観察」という舞台で展開するドラマが悲劇で終わることがないよう願いつつ，本書をひもといていただけると幸いです。

目　　次

まえがき ……………………………………………………………………………… 3

第1章　少年非行の典型 ………………………………………………… 11

第1節　少年非行の発生過程 ………………………………………… 11
第2節　排除と隔離のスパイラルからの脱出 ………………………… 15
第3節　立ち直りへの道のり ………………………………………… 23

第2章　立ち直りに向けての関わり ……………………………… 31

第1節　見立てと手当て ……………………………………………… 31
 1　生活習慣 ……………………………………………………… 33
 2　障害 …………………………………………………………… 39
 3　嗜癖（依存症） ……………………………………………… 50
第2節　基本的な姿勢 ………………………………………………… 59
 1　受け入れる …………………………………………………… 60
 2　褒め励ます …………………………………………………… 62
 3　考えさせる …………………………………………………… 65
 4　教え諭す ……………………………………………………… 69
 5　四段変速 ……………………………………………………… 71
第3節　面接の効用 …………………………………………………… 73
 1　面接の場を作る ……………………………………………… 73
 2　話を引き出す ………………………………………………… 75
 3　鏡になる ……………………………………………………… 79
 4　変化を促す（その1：サンドイッチ方式 & I メッセージ） ……………… 82
 5　変化を促す（その2：サンドイッチ方式 & スケーリング・クエスション） 86
 6　変化を促す（その3：例外を見つける質問） ……………………… 89
 7　変化を促す（その4：問題行動の直面化） ……………………… 92

8 変化を促す（その5：コラージュ療法） ……………………… 94

9 変化を促す（その6：ポジティブ・イエス・セット） ……………… 99

10 素朴な愛情 ……………………………………………… 101

11 広い視野と大らかな心 …………………………………… 102

第4節 立ち直りの舞台づくり ………………………………… 104

1 協力雇用主による支援 …………………………………… 106

2 BBS会員による支援 …………………………………… 108

3 更生保護女性会員による支援 …………………………… 109

4 保護者に対する支援 ……………………………………… 110

5 更生保護サポートセンター ……………………………… 111

6 再犯防止推進施策 ………………………………………… 112

第5節 秘密を守る態度 ………………………………………… 114

第6節 公正な態度 ……………………………………………… 117

第3章 犯罪傾向や属性から見る立ち直りの方向性 ……… 123

第1節 薬物犯罪 ………………………………………………… 123

1 規制薬物の種類 …………………………………………… 124

2 覚醒剤事犯者の様相 ……………………………………… 129

3 薬物依存の状態にある者に対する治療プログラム ……… 139

4 当事者による支援 ………………………………………… 141

第2節 性犯罪 …………………………………………………… 146

第3節 ストーカー行為，DV行為 …………………………… 157

第4節 不良集団 ………………………………………………… 160

第5節 中学生 …………………………………………………… 164

第6節 長期刑の仮釈放者 …………………………………… 170

第7節 被害弁償 ………………………………………………… 174

第4章　犯罪のない明るい社会の実現 ································ 177

第1節　我が国の治安状況 ·· 177

第2節　海外から注目される独自の制度 ····················· 179

    1　交番 ··· 179

    2　日本型行刑 ·· 180

    3　保護司 ··· 181

第3節　犯罪予防活動 ·· 185

第4節　社会環境の改善 ·· 188

第5節　健康管理 ·· 192

第6節　多機関連携 ·· 195

第7節　保護司制度と日本人の心性 ····························· 196

第8節　更生保護の精神 ·· 198

あとがき ··· 201

非行・犯罪からの立ち直り

保護観察における支援の実際

第1章

少年非行の典型

第1節　少年非行の発生過程

　一口に少年非行と言っても，人それぞれです。極端に一般化して捉えると，誤解を招き，偏見を与えるおそれもありますが，目の前の少年に何が起きているかを理解し，どのように対応すべきか，その方向性を見出すためには，少年非行の最大公約数をつまびらかにしておくことが有効のように思います。

　非行に陥る少年のほとんどは，家庭や学校のいずれか，または双方で適応できない何らかの事情を抱えています。家庭内にあっては，反抗的な態度や深夜の外出，学校内にあっては，校則違反や不登校といった現象で表れます。家庭や学校の居心地が悪ければ，他に居場所を求める気持ちは理解できるでしょう。同情を禁じ得ない悲惨な家庭環境に身を置かざるを得ない者もいれば，たとえ，そうでなくとも，多感な年頃にあっては，些細なことで傷つき，自らの境遇を恨み，自暴自棄に陥ってしまいます[注1]。そんなとき，同じ境遇の者と出会ったとしたら，「うん。だよね，わかる」とたちまち意気投合してしまうことは想像に難くありません。とりわけ，不幸が重なり，「どうせ自分なんか」という劣等感を抱き，親や教師に反抗し，「大人や世間は敵」と思い込み始めている少年の場合は，かなり深刻です。身近に同じ境遇の同級生がいなければ，学級や学校を超えて，「**類は友を呼ぶ**」という諺にあるように，たちまち仲間が形成されます。最近は，スマートフォンに代表され

注1）自らの立場や行動を評価する際の基準となるような人々を「準拠集団」と呼び，この構成員と自分とを比較することで不平不満を推し量り，劣等感や不遇感を抱くことが多い。

る携帯端末を通じて，地域を超え，遠方の思わぬ仲間とも繋がります。

　彼ら彼女らは，自らが家庭や学校から疎外されていると思っているだけに，仲間を大切にしようとします。しかし，仲間がどういう人物なのかということについては，無知に近く，お互いにファーストネームで呼び合っているのに，苗字や住所すら知らないという事態は，ごく普通にあります。怖いのは，実像のわからない「仲間」に引き寄せられ，そこで，様々な影響を受け，万引き，恐喝，無免許運転，薬物乱用などの悪事を覚えることです。まさに「朱に交われば，赤くなる」の諺どおりの現象が起きます[注2]。都会の繁華街や郊外の大型ショッピングセンターなどの片隅で，「なんか面白いことないかなぁ」と心を慰め合っている少年たちを見かけ，接近してくる連中が犯罪性を帯びている者であると，その少年らの非行化が一気に加速し，不良仲間のしがらみの渦中に自らの存在を見出すようになってしまいます。とりわけ，少女の場合，深刻な性被害に遭うことも珍しくありません。

　かつては，少年非行と言えばシンナー，シンナーと言えば非行少年というくらいにシンナー遊びが蔓延していました。多いときで，毒物及び劇物取締法違反で検察庁に事件送致された人員（少年）が年間で3万人近くいましたが，近年は，シンナー遊びに興じる少年をほとんど見かけなくなりました。シンナーが絡んでいる少年が厄介なのは，シンナーを通じて不良仲間が広がり，シンナーを吸引し，酩酊した状態で，痛ましい事件や事故を引き起こしかねないということです。名古屋アベック殺人事件[注3]や木曽川長良川連続リンチ殺人事件[注4]などが最も悲惨な例と言えるでしょう。

注2) 米国の犯罪社会学者であるサザーランドは，非行や犯罪が私的な集団の中で他者とのコミュニケーションを通じ，学習されるとする**分化的接触理論**を提唱した。グレーザーは，この理論を押し進め，犯罪文化に接触し，それに同一化したときに犯罪に至るという**分化的同一化理論**を展開した。

注3) 昭和63年2月，少女2名を含む6名の非行少年グループがシンナーを吸引し，酩酊した状態で，名古屋市の大高緑地公園に駐車中の車内にいたアベックを鉄パイプや木刀で襲撃し，彼の前で彼女を凌辱した後，その場で彼を絞殺した挙げ句に，翌日，彼女も絞殺した。

注4) 平成6年10月，シンナーパーティーで知り合った8名の20歳前後の若者が仲間の1人に暴行を加え，木曽川の河川敷で殺害した挙げ句に，翌日，このうちの6名がボーリング場で因縁を付けた見ず知らずの3人の若者を長良川の河川敷まで連行し，金属パイプや角材でめった打ちにして2人を殺害した。

また，一時期，4万人を超えた暴走族の構成員数も減り続けています。もっとも，近年でも暴走族同士の抗争から少年を自動車で引き殺す事件[注5]などが発生し，暴走族が集団暴走だけでなく，凶悪事件の温床となっている事例は枚挙にいとまがありません。かつてのようにシンナー遊びや暴走族の集会の場が彼らの居場所でなくなりつつあることは，とても明るい兆しですが，携帯端末を通じて，インターネットの世界に自らの居場所を求める少年も現れ，少年の非行が大人から見えにくくなっているのもまた事実です。

　少年と言えども，刑罰法令に触れるようなことをすれば，警察沙汰になりますし，非行事実やそのときの状況によっては，逮捕されることもあります。逮捕されれば，その後，少年鑑別所に収容され[注6]，家庭裁判所での審判を経て，保護観察に付されたり，少年院に送られたりする可能性が高くなります。このように，司法の対象となると，本人は，もちろんのこと，保護者や学校の関係者などが危機感を抱き，これを機に非行をしなくなる生活態度を取り戻す少年も多いのですが，その一方で，残念ながら，非行を繰り返す少年がいるのも現実です。非行を繰り返すうちに，周囲の眼差しも厳しくなっていきます。身内も愛想を尽かし始めますし，ましてや，身内でもない他人は，関わりを避けようとします。いわゆる「白い眼」で見られ，「札付きの悪」というラベルが貼られ，真っ当な人からは相手をされなくなります。すると，ますます，「どうせ自分なんか……」という劣等感と「世間は敵」という孤立感・疎外感を強め，「悪（ワル）」という否定的アイデンティティが形成されるとともに，付き合う仲間も悪事に手を染めている人に限られてきます。その後も非行を繰り返せば，幾度となく警察のお世話になり，少年院から刑務所へという悲しいライフコースをたどることになります。少年院や刑務所などの矯正施設では，世間から隔離される空間の中で己と向き合い，前

注5）平成26年5月，岡崎市内の繁華街で暴走族同士の抗争から発展し，暴走族のボスの指示で自動車を対立する暴走族の連中に衝突させようとた結果，直接は関係のない少年2名を跳ねて，1人を死亡させ，もう1人に重傷を負わせた。殺人と殺人未遂の罪で4名の少年が逮捕されたが，ボスであった少年は，少年院から出院して3週間も経っていなかった。

注6）家庭裁判所で観護措置の決定がなされると，特別の場合を除き，通常は，最大で4週間，少年鑑別所に収容され，非行事実の調査のほか，性格検査などの資質鑑別が行われる。

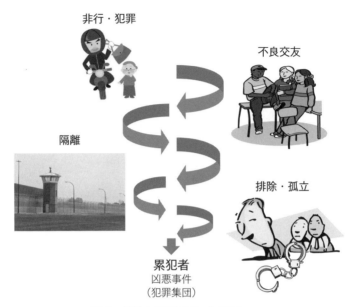

非行・犯罪

不良交友

隔離

排除・孤立

累犯者
凶悪事件
（犯罪集団）

図1　排除と隔離のスパイラル

非を悔いる場が提供され，本人の問題性に応じた様々な教育や職業訓練など
がなされてはいますが，収容者同士で悪影響を与え合う危険性も孕んでいる
ことに加え，世間に戻った暁には，いわゆる「年少上がり」とか「ムショ帰
り」というラベルを貼られてしまうことを覚悟しておかなければなりません。
いったん，これらのラベルが貼られると，よほどの良き理解者との御縁が得
られない限り，世間からは排除され，世間の噂どおりの悪事を繰り返し[注7]，
少年院や刑務所などの矯正施設に隔離されるという**排除と隔離のスパイラル**
（図1参照）から抜け出せなくなります。

注7）米国の社会学者であるマートンは，たとえ，根拠のない予言（噂）であっても，人々
がそれを信じて行動すると，結果として予言（噂）どおりの現象が生起することを「予言
の自己成就」と命名した。レマートやベッカーらは，特定の人に対し，人々が「非行少年」
や「犯罪者」というラベルを貼り，差別した態度で接することをラベリングと言い，非行
や犯罪は，ラベリングの結果でもあるとする**ラベリング理論**を発展させた。

第2節　排除と隔離のスパイラルからの脱出

　当然のことながら，過去を変えることはできません。変えることができるのは，少年の過去に対する認識とこれからの生活環境です。とはいえ，自らの力だけで，これらを変えるのは，容易ではありません。過去のつまずきが比較的軽く，環境的にも恵まれていて，なおかつ，聡明で従順な資質を持ち合わせているなどの好条件が揃っている者を除き，保護者を含めた周囲の大人による特段の力添えが必要です。

　警察沙汰となり，その後，家庭裁判所での調査・審判を経て，これを機に保護者をはじめとする周囲の大人が立ち上がることが期待されるとともに，少年に最もふさわしい処分が選択されます。審判では，非行事実を認めながらも，保護処分というかたちでの公的機関の介入までは要しないという意味で，「不処分」という決定がなされることも多いのが実情です。その場合は，裁判官による説諭だけで済まされ，少年の自らを省みる力はもとより，保護者ら周囲の大人の理解と協力を信じ，あえて処分に踏み切らない判断がなされています。ちなみに，可塑性に富む少年の場合，その将来性を考慮し，審判も公開されず，報道も匿名で取り扱う配慮がなされていることは，改めて指摘するまでもないことでしょう。

　しかし，非行事実や非行を反復するおそれ（要保護性）によっては，そのような判断がなされない場合があります。保護処分というかたちでの公的機関の介入を要すると判断されると，「保護観察」や「少年院送致」の決定がなされます。一方で，成人と同様の刑事裁判を受けさせるのが相当であると判断されるときは，「検察官送致」の決定がなされ，その後は，成人と同様の司法手続きが取られます。

　審判で保護観察の決定がなされれば，定期的に保護観察官[注8]や保護司[注9]の面接を受けるなどの一定の決まりを守るという条件付きながら，直ちに通

注8）地方更生保護委員会事務局や保護観察所に配属される国家公務員。定員は，1,402人である（令和3年4月1日現在）。保護観察所の保護観察官は，担当する地域を指定され，その地域に居住する保護観察対象者を担当し，保護司と協働して保護観察等を行っている。

常の社会生活を営むことができます。一方，少年院送致の決定がなされると，いったんは，少年院[注10] に収容され，一定期間，矯正教育がなされた後，たいていの少年は，出院に当たり，仮退院が許可され，その日から保護観察に付されることになります。

　このように，家庭裁判所での調査・審判を経て，少年に最もふさわしい処分が選択されます。にもかかわらず，非行を繰り返す少年は，少なくありません。排除と隔離のスパイラルの深みに落ち込んで行けば，行くほど，そこから抜け出すのは難しくなります。残念ながら，明確な処方箋もなく，「今度こそ，真面目になれるよう頑張ります」という少年の言葉を信じていたのに，裏切られ，落胆する保護者や関係者を尻目に身勝手な振る舞いに終始する姿を見ると，どうしても将来を悲観せざるを得ません。しかしながら，その一方で，排除と隔離のスパイラルから抜け出し，立ち直りに向け，ひたむきに努力し始める少年もたくさんいます。両者は，一体，何が違うのでしょうか。一つだけ言えることは，後者の場合，いずれもが「明るく健康な居場所」をそれなりに見つけていることです。そこが家庭や仲間であったり，学校や職場であったりと様々ですが，そもそも，かつては，そこから溢れて深夜はいかいをしたり，街の片隅でたむろしていたわけで，長い目で見れば，自らの居場所をどのようにして確保させるかが彼ら彼女らの更生を占う鍵と言っても過言ではありません。

　生活環境が抜本的に変わらないとしても，少年の過去に対する認識が変わることによって，「**明るく健康な居場所**」を手に入れることも少なくありま

注9）法務大臣から委嘱された非常勤の国家公務員。保護観察所長の指揮監督を受け，保護観察官と協働し，保護観察対象者に対する面接等を行う。通常，毎月2回を標準とする頻度で面接等を行っている。給与は支給されない。保護司の定数は，全国で約5万2,500人であるところ，その人員は，4万6,763人である（令和2年1月1日現在）。

注10）少年院法に基づき，設置された法務省の施設。家庭裁判所の審判によって少年院送致の決定がなされた少年を収容し，再び非行や犯罪をさせないための矯正教育を行っている。1年程度の教育期間を想定している**長期処遇**のほか，審判時に**特修短期**（教育期間が4カ月以内），**一般短期**（教育期間が6カ月以内），**比較的長期**（教育期間が1年6カ月程度），**相当長期**（教育期間が2年以上）などの処遇勧告がなされ，これを尊重して教育期間が設定される。

せん。少年が自らの行為の罪深さを思い知るとともに，不平不満の対象でし
かなかった両親や職場（学校）への感謝の念を抱き始めることで，生活環境
が徐々に改善され，いつの間にか家庭や職場（学校）が「明るく健康な居場
所」に変わるような場合は，その典型例です。

事例 1

　Ａ君の家族構成は，両親と姉です。建築関連の事業を営んでいる父親は，
躾に厳しく，体罰も厭わず，母親もまた正論を唱える比較的厳格な家庭で
育ちました。中学生になると，万引きをしたり，原動機付自転車を無免許
で乗り回したりする問題行動が見られるようになり，その度ごとに両親は，
Ａ君を叱責しました。しかし，その甲斐もなく，Ａ君は，反抗的な態度
を強め，中学３年生の頃には，不登校状態に陥り，やがて地元のギャン
グチームに加入してしまいます。中学校の卒業式にも参加できない
まま，ギャングチームを束ねている不良外国人のもとに身を寄せる日々が
続き，彼らから購入した自動二輪車を無免許で乗り回す傍ら，侵入盗を繰
り返していました。一度は，道路交通法違反（自動二輪車の無免許運転）
で検挙され，家庭裁判所で審判を受け，裁判官による説諭をもって立ち直
りの機会を与えられますが（不処分），その期待を裏切り，自ら暴走族を
立ち上げるなど非行化が進み，両親もさじを投げる状態となってしまいま
した。そうしたところ，16歳の誕生日を過ぎた頃，窃盗と道路交通法違
反（自動二輪車の無免許運転と集団暴走による共同危険行為）の容疑で逮
捕され，少年鑑別所に収容されます。家庭裁判所の審判では，少年院送致
の決定がなされ，少年院でおよそ１年間の矯正教育を受けることになり
ました。

　少年院では，規律違反もなく，順調に経過しましたので，地方更生保
護委員会[注11]において仮退院が許可され，保護観察に付されることにな
りました。出院後は，①共犯者や暴走族関係者などとの交際の禁止「共犯

注11）法務省の地方支部局。全国に８カ所にある高等裁判所の管轄区域ごとに置かれて
いる。その所掌事務は，更生保護法第16条によって規定され，３人の委員をもって構成
する合議体で仮釈放の決定等を行っている。

者との交際を絶ち，一切接触しないこと。」「暴走族関係者との交際を絶ち，一切接触しないこと。」，②就労の確保「就職活動を行い，又は仕事をすること。」，③深夜はいかい等の禁止「深夜にはいかいしたり，たむろしたりしないこと。」の条件（特別遵守事項）が定められた上で，両親のもとに帰住し，保護観察所^{注12)}の保護観察官の監督の下，保護司による定期的な面接を受ける生活となりました。

　A君は，親もとを離れ，いわゆる塀の中で生活するうちに，両親への感謝の気持ちを抱くようになりました。その一方で，勉強やスポーツでは振るわず，両親から見下されていると思い込み，これに反抗するつもりで，不良仲間に接近し，不良仲間の世界でちやほやされることで優越感に浸り，将来への見通しがないまま，「今が楽しければ，それでいい」と自暴自棄になっていたことにも気づきました。こうした心境の変化は，面会等で両親にも伝えられ，出院後，父親と一緒に建設現場で働き始めます。しかし，現実は厳しく，仕事場で雇主でもある父親に叱られることもあって，5カ月後，父親のもとで働くことを断念し，ラウンジバーの接客係に転職してしまいました。保護司から報告を受けた保護観察官は，直ちにA君と面接し，A君の気持ちを十分に汲んだ上で，夜の世界で働くことの危険性を説諭するとともに，同席した母親に対し，A君の生活が大きく乱れない限りは，しばらく静観し，改めて面接を行うという方針を伝えました。3カ月後，保護観察官がA君と面接したところ，「昨日，父さんとも話し合い，ラウンジバーの仕事は，今月一杯で辞め，再び父さんのところで働く」と笑顔で語り，その理由として「最近，真面目な彼女ができ，将来のことを考えるようになったこと」を挙げました。その後，父親とも衝突することなく，家庭内でも仕事の話が弾むなど，仕事への意欲が認められるようになるとともに，格闘技のジムに通い始め，将来は，父親の跡を継ぐべく家業に従事する傍ら，ジムで心身を鍛えていきたいとの現実的な展望を語るまでになりました。少年院を出院してから1年2カ月を経過し，仮退院の状態

注12）法務省の地方支部局。全国に50カ所ある地方裁判所の管轄区域ごとに置かれ，その所掌事務のうち，更生保護に関する事務は，更生保護法第29条によって規定されている。常勤の保護観察官と非常勤の保護司が協働し，保護観察等を行っている。

であったところ，退院[注13] が許可され，これに伴い，保護観察も終わり
ました。

　思春期の時期に当たる少年は，内面的な成長とこれに並行して起こる様々
な出来事を経験しながら，一歩ずつ，大人への階段を上っていきます。非行
に陥った少年も例外ではありません。ただ，彼ら彼女らの場合，揺れ幅が大
きく，ときとして階段を踏み外したり，踊り場で座り込んでしまったりして
周囲を慌てさせることがしばしばです[注14]。A君の場合も，少年院での生活
を通じて両親への感謝の気持ちを抱き始め，父親のもとで働くことを決意し
ますが，出院後，現実の壁に直面し，いったんは，父親のもとを離れ，転職
してしまいます。しかし，その後，彼は，父親のもとに戻ってきました。「真
面目な彼女ができた」という出来事が現実的な選択をする契機となり，父親
もまたA君への期待を込め，喜んで受け入れ，紆余曲折を経ながらも，A君
は，明るく健康な居場所を手に入れることができました。根気よく長い目で
見守っているうちに，転回点（ターニングポイント）と言えるような好機が
訪れることは，しばしばあることです。安全網（セーフティネット）を用意
した上で，本人の意思を尊重し，幸運や良縁が舞い込むのを辛抱強く待つの
も選択肢の一つと言えます。
　しかし，その一方で，生活環境そのものを抜本的に変えなければならない
場合もあります。とりわけ，不良仲間や不良集団との絶縁は，必要不可欠です。
少年にとって，そこがどんなに居心地が良かったにしても，不良仲間や不良
集団がそっくり「明るく健康な居場所」に変わることは，現実的には無理な
話です。別れがなければ，新たな出会いはありません。孟母三遷[注15] の故事

注13) 少年院仮退院者について，保護観察を継続しなくとも，健全な生活態度保持し，善
　良な社会の一員として自立し，確実に改善更生することができると認められるときは，保
　護観察所の長の申出を経て，地方更生保護委員会の決定をもって退院を許され，これに伴
　い，当初に定められた期間満了前に保護観察を終了させることができる。
注14) 米国の犯罪社会学者であるマッツァは，非行少年が非合法的な文化と合法的な文
　化との間を行きつ戻りつするという**漂流理論**を提唱し，非行が大人への過渡的な出来事で
　あることを強調した。

成語の如く，この際，住むところを含めて生活環境を一新させることが「明るく健康な居場所」づくりに繋がる場合もあります。ただし，その場合，不良仲間や不良集団との絶縁が単に少年を孤立させるだけの結果を招かないよう細心の注意を払う必要があります。少年を孤立させれば，孤独感に堪え切れず，新たな不良仲間との交際を始め，新たな不良集団に帰属する事態に至ることは想像に難くないことでしょう。不良仲間や不良集団との絶縁に際しては，寂しさで一杯の彼らに救いの手を差し伸べることも考えなくてはなりません。

事例2

　　B君は，中学生になると，1つ年上の先輩と行動を共にするようになり，喫煙，万引き，自転車盗などの非行を繰り返すようになりました。地元では，いわゆる「札付きの悪」として名が売れていた先輩と行動を共にすることに優越感を抱き，両親の忠告にも耳を貸しません。実は，B君の出生後に実父母が離婚し，母親に引き取られ，その後，母親が再婚したため，B君と同居している父親には血のつながりがありません。B君は，自らの出生の秘密を中学生になって知り，微妙な家庭の雰囲気の中で，先輩を中核とする不良仲間に自らの居場所を求め，喧嘩，自動二輪等の無免許運転，集団暴走へと非行の範囲が拡大していきました。当然，遅刻や欠席が目立つようになり，中学校の教師も心配していたところ，中学3年生の夏休みに仲間4名と共謀し，下級生に対して殴る蹴るの暴行を働いた上に，タバコの火を背中に押しつけたり，首にベルトを巻いて引きずるなどしたりして，怪我を負わせ，逮捕されます。B君が少年鑑別所に収容されている間に弁護士を通じて被害弁償がなされ，反省の態度を示すB君に対し，家庭裁判所における審判の結果は，「保護観察」の決定でした。これを受け，B君は，両親のもとに帰ることができるようになり，保護観察所で，①共犯者との交際の禁止「共犯者との交際を絶ち，一切接触しないこと。」，②就学の継続「正当な理由のない欠席，遅刻又は早退をすることなく学校に

注15）孟子の母親が我が子のより良い生活環境を求めて3回も転居したという逸話から，子どもの成長にとって，いかに生活環境が大切であるかを訴える故事成語。

通うこと。」，③被害者との接触禁止「被害者等に一切接触しないこと。」の条件（特別遵守事項）が定められ，以後，保護観察官の監督の下，保護司による定期的な面接を受ける生活となりました。

　B君は，2学期から中学校に登校し始めました。担当の保護司において中学校や実母と連携を取りながら，B君との定期的な面接を積み重ねていったところ，B君は，期待に応えて不良仲間との縁を切り，中学校でも問題となる行動が見られず，無事，卒業式を迎えることができ，4月からは，専門学校に進学しました。

　しかし，中学校を卒業すると，再び地元の不良仲間との交際が始まりました。共犯者との交際が禁止されていましたが，不良仲間の核にいる「札付きの悪」として名が売れていた先輩らは，共犯者でなかったため，条件（遵守事項）の網の目をくぐっての交際が目立つようになり，案の定，入学して半年後，専門学校を中退してしまいます。その後，いったんは，面倒見の良い雇主のもとで溶接の仕事を始めますが，不良仲間が代わる代わるB君を誘い出し，誘いを断り切れないB君は，無断欠勤を積み重ね，とうとう解雇されてしまいました。これを受け，担当の保護司が建設業を営む協力雇用主[注16]に相談したところ，B君を雇うに当たっては，不良仲間との縁を切るのが先決であるとの結論に達し，B君とその両親に対し，従業員寮への転居を勧めました。危機感を抱き始めたB君も，この提案を了承し，不良仲間との縁を切るため，親もとを離れ，住み込みで働き始めることになりました。勤め先が協力雇用主であることもあって，職場の雰囲気が良く，雇主からは，来春から定時制高校に通うことを勧められ，これに意を強くしたB君は，「札付きの悪」として名が売れていた先輩との決別を決心し，それを伝えたところ，その先輩から殴られるという洗礼を受けたものの，不良仲間と絶縁することができました。これが転回点（ターニングポイント）となり，その後，定時制高校の受験にも合格し，通学用の原動機付自転車を職場で用意するという配慮まで受け，昼間，建設現場で働きながら，定時制高校に通う生活が定着しました。保護観察に付されて

注16）刑務所出所者ら前歴のある者であっても，差別せず，積極的に雇用する企業や事業者。

から2年3カ月を経過し，B君の保護観察は，解除[注17] されました。

　思春期の少年のほとんどは，交友関係に大きな影響を受けます。B君の場合，中学生となり，同居している父親が実の父親ではないことを知り，家庭内が微妙な雰囲気となったところで魅かれて行ったのが「札付きの悪」として名が売れていた先輩でした。この先輩と付き合い始めてから，不良交友が広がり，傷害事件を起こすまでに至りますが，その後の経過を見れば，不良交友と絶縁することは，一筋縄ではいかないことがわかります。B君は，協力雇用主のもとで住み込み就職したことを契機にして，「札付きの悪」として名が売れていた先輩との決別を決心し，手痛い洗礼を受けますが，そのような勇気を持てるようになった背景に彼を支援する雇主をはじめとする職場の人間関係の存在があったことは，言うまでもありません。もし，住み込み就労先が雇用契約だけの冷たい職場であったとしたら，B君は，不良交友を絶つことができたでしょうか。おそらくは，強烈な孤独感に襲われ，自ら不良仲間に接近したことでしょう。立ち直りのためには，不良仲間との縁を切ることが必要不可欠ですが，単に物理的に生活環境が変わっただけでは，功を奏しません。「不良仲間との縁を切らせるため，施設に預けたが，飛び出し，地元に戻ってきてしまった」とか「親類に預けたが，そこでまた別の不良仲間ができた」という悲嘆の声を耳にすることも少なくありません。非行を繰り返す少年の多くは，根底に根強い孤独感や疎外感を抱えていることもあって，とても一人ではいられません。平たく言えば，寂しがり屋で，いつも誰かとくっついていなければ，寂しくて，たとえ，相手が自分を虐げる存在であっても，一人でいるよりもましなのです。彼ら彼女らにとって，一人でいることは，死ぬほど辛いのでしょう。こうした心情を理解した上で，生活環境そのものを抜本的に変えるに当たっては，彼ら彼女らに孤独感を抱か

注17）保護観察処分少年について，保護観察を継続しなくとも，健全な生活態度を保持し，善良な社会の一員として自立し，確実に改善更生することができると認められるときは，保護観察所の長によって保護観察が解除され，当初に定められた期間満了前に保護観察を終了させることができる。

せないような特段の配慮が求められます。世間には，単身で海外渡航するな
ど，たくましい少年もいますが，その大半は，家庭という絶対的な居場所へ
の帰属意識を土台にして，将来への見通しに対する一定の手応えを得ている
のでしょう。帰る場所がなければ，それは，もはや，冒険ではなく，安住の
地を探し求める流浪の旅となってしまいます。

第3節　立ち直りへの道のり

　逮捕状が執行されれば，少年と言えども，警察署の留置場に入れられ，家
庭裁判所に事件が送致された段階で，たいていは，その後，少年鑑別所に収
容され，審判の日を待ちます。審判の結果，保護観察の決定がなされれば，
直ちに家に帰ることができますが（以下「保護観察処分少年」），少年院送致
の決定がなされれば，一定期間[注18]，少年院という矯正施設に収容されます。
少年院では，法務教官の指導の下，基本的な生活態度はもとより，犯罪に結
びつく反社会的な価値観や行動特性などの是正に努めさせるとともに，基礎
学力，自己有用感[注19]，共感力などを育む配慮がなされ，やがて，出院の日
を迎えます。たいていの少年は，仮退院が許可され，出院の日から保護観察
に付されることになります（以下「少年院仮退院者」）[注20]。

注18）通常は1年程度の収容期間が設定されるが，審判で特修短期，一般短期などの処
遇勧告がなされると，6カ月を下回る収容期間が設定されるほか，比較的長期（教育期間
が1年6カ月程度）や相当長期（教育期間が2年以上）の処遇勧告がなされる場合もある。

注19）心理学用語である Self Esteem は，自尊感情と訳され，自己肯定感，自己存在感，
自己効力感などと，ほぼ同じ意味合いで使われ，自分に対する自己評価が中心である。こ
れに対し，自己有用感は，「他人の役に立った」，「他人に喜んでもらった」という具合に
他者との関わりの中で生まれる自己に対する肯定的な評価で，他者の存在を前提としてい
る点で前者と違う。文部省国立教育政策研究所は，我が国の児童や生徒の指導に当たり，
社会性の基礎となる「自己有用感」の重要性を提唱している。保護観察における社会貢献
活動もまた人の役に立つ活動に従事させることにより，自己有用感を高めようとする意図
を持っている。

注20）少年院で処遇の最高段階に達すると，地方更生保護委員会の決定で仮退院が許可
される運用がなされている。仮退院すると，その日から原則として20歳に達するまで保
護観察に付されることになる。

このように，少年非行からの立ち直りへの道のりは，保護観察の成り行き
を見れば，ある程度，予測がつきます。令和2年版「犯罪白書」において，
次のような統計が明らかにされています。

＊保護観察処少年
　　解除　73.8%　　再処分率[注21]　16.8%
＊少年院仮退院者
　　退院　11.1%　　再処分率　18.8%

　社会の善良な一員と認められると，保護観察処分少年は，保護観察所の長
において，解除が決定されます。これに対し，少年院仮退院者は，地方更生
保護委員会において，退院の許可が決定されます。上記の統計からは，保護
観察処分少年の4人に3人，少年院仮退院者の9人に1人が社会の善良な一
員と認められ，自分の力で保護観察を卒業していることが読み取れます。し
かし，その一方で，保護観察処分少年の6人に1人，少年院仮退院者の5人
に1人が何らかの再非行により新たな処分を受けています。実務上は，解除
や退院となり，保護観察が終わった後に再非行で検挙される例もあれば，少
年院を仮退院後，順調に経過していたとしても，20歳になるまでの期間が
短く，退院の手続きがとれず，保護観察が終わったという例もありますの
で，これは，立ち直りを占う意味での大まかな目安に過ぎません。保護観察
に付されていた少年が立ち直ったかどうかは，ある程度，長い目で見なけれ
ば，何とも言えないのが実情です。私たちのような実務家は，再非行や再犯
があって，かつての保護観察対象者との接点を持ち得ることはあっても，見
事に立ち直り，社会で活躍している者がかつて保護観察を受けていたことを
明かすかたちで公然とお目にかかる機会は，極めて稀であることから，保護
観察対象者の予後については，その後も懲りずに罪を重ね，服役を繰り返し
ている個人史（ライフストーリー）ばかりが目に付き，率直のところ，無力

注21）保護観察終了人員のうち，保護観察期間中に再非行・再犯により新たな保護処分
または刑事処分（施設送致申請による保護処分および起訴猶予の処分を含む。刑事裁判に
ついては，その期間中に確定したものに限る）を受けた者の占める比率をいう。

感を抱くこともしばしばです。

　ここで，残念ながら，少年時代から非行を重ね，長ずるに及んでも，立ち直ることができず，警察官に逮捕されては，服役を繰り返している男性の個人史を紹介します。

事例 3

　長距離トラックの運転手の父親と専業主婦の母親との間に長男として生まれたＣさんは，中学生になると，不良仲間との交際が顕著となり，急速に非行化し，喫煙やシンナー吸引などの問題行動に加え，バイクを盗んでは，無免許で乗り回す状態となりました。中学３年生のとき，傷害と恐喝の容疑で逮捕され，家庭裁判所の審判で「少年院送致」の決定がなされ，少年院で中学校を卒業せざるを得なくなりました。少年院を仮退院後は，型枠大工として働き始めますが，長続きせず，暴走族に加入し，シンナーを吸引しては，集団暴走に明け暮れ，取締りに当たった警察官に暴行を加えるなどして逮捕され，再び「少年院送致」となりました。20歳を目前に控え，二度目の少年院を仮退院し，とび職として働き始めますが，半年も経たないうちに好奇心から覚醒剤に手を出し，以後，職を転々としながら，覚醒剤を乱用する日々となりました。

　22歳のときに結婚するも，妻との喧嘩が絶えず，その苛立ちを紛らわせるため，ほぼ毎日，覚醒剤を乱用するという悪循環に陥り，覚せい剤取締法違反の容疑で逮捕されます。裁判で執行猶予の言渡しを受けますが，拘置所から釈放された当日に覚醒剤を使用するという有様でした。半年後，再び覚せい剤取締法違反の容疑で逮捕され，裁判で実刑の言渡しを受け，とうとう刑務所での受刑を強いられました。刑務所から仮釈放を許可され，いったんはとび職に就くも，雇主と喧嘩し，解雇されてからは，覚醒剤を乱用する傍ら，暴力組織関係者と結託して詐欺事件を起こし，再び服役してしまいました。妻とも離婚し，以後，刑務所を出所しては，覚醒剤を乱用しつつ，侵入盗を繰り返す状態となり，受刑回数も６回を数えました。

　出所しても，Ｃさんを雇い入れてくれるところはなく，自暴自棄になって，覚醒剤に溺れ，窃盗などの犯罪を繰り返す不幸な人生を歩んでいます。

少年の頃から，些細なことで苛つき，投げ出してしまうという性格が変わらないまま，Cさんも40歳を迎えました。今のところ，Cさんの両親が健在なので，出所後，帰るところはあるのですが，両親が他界すると，出所しても帰るところがなく，路頭に迷ってしまうことが予想されます。

これまで私が知り得る限りの最高受刑回数は41回です。太郎さん（仮名）は，40回目の受刑を終えて出所したときの年齢がすでに73歳を超えていましたが，帰るあてもなく，簡易旅館を転々とするうちに，2万円程度の所持金も使い果たし，出所したわずか5日後に回転寿司でビール2本を飲み，寿司を腹一杯に食べたところで，無銭飲食（詐欺罪）により逮捕されました（被害金額約2,000円）。太郎さんの成育歴を見ると，少年の頃から盗みや粗暴行為を繰り返し，受刑を繰り返すうちに40歳を過ぎると，出所して無銭飲食に至っては，逮捕される人生となっています。ちなみに，41回目の受刑を迎えることになった太郎さんの刑名刑期は，懲役2年でしたので，2年後も同じ光景が繰り広げられることは想像に難くありません。

　一方，世の中には，見事に更生し，活躍している人々もたくさんいます。彼ら彼女らの多くは，決して誇ることができない悲惨な過去を抱えながらも，家族のため，顧客のため，懸命に額に汗して働いています。中には，非行を繰り返す少年をかつての自分と重ね合わせ，「ほっとけない」と彼ら彼女らを支援する活動を行っている人々も現われています。少年非行の当事者だった立場から非行を繰り返す少年たちの立ち直りに向けて支援する2つの組織を紹介します。

NPO法人再非行防止サポートセンター愛知の取り組み

　平成26年8月，NPO法人再非行防止サポートセンター愛知が設立されました。同法人のスタッフには，かつて非行を繰り返していた者も含まれ，理事長である高坂朝人さん自身も，非行を繰り返し，17歳のとき，粋がって両腕から胸にかけて刺青を入れ，これと前後して二度も少年院での生活を送りながらも，出院後，懲りることなく，暴走族から暴力団へ

と拠り所を移し，薬物の売買，ブランド品のコピーの販売，盗難車の販売など組織的な犯罪に手を染める悪の道をひた走っていた経験の持ち主です。高坂さんの立ち直りの契機になったのは，妻の妊娠でした。当時，24歳だった彼は，やがて産まれる我が子の将来を憂い，父親になる自分が変わるしかないという決意の下，故郷である広島県からしがらみのない愛知県に居を移し，介護の仕事に打ち込み，介護福祉士の資格を取得しました。この仕事を続けるうちに，自分が必要とされることの素晴らしさを実感するとともに，自分が最も必要とされるのは，非行を繰り返す少年たちであると考え，彼ら彼女らの立ち直りを支援するボランティア活動を始めるようになります。25歳のとき，BBS会員[注22]となり，NPO法人セカンドチャンス[注23]の活動を経て，仲間や賛同者と共にNPO法人再非行防止サポートセンター愛知を立ち上げました。

　同法人は，弁護士と連携し，少年鑑別所に収容されている少年の付添人となることで審判に臨み，保護観察になれば，地域社会の中で継続的に支援し，少年院送致となれば，手紙のやり取りや面会を行い，出院後，社会の中での支援を始めます。加えて，同法人は，自立準備ホーム[注24]を設置し，事情があって家族のもとに帰ることができない少年院の出院者はもとより，不良仲間との縁を切るため，地元を離れ，自立を目指す少年を同ホームに住まわせるなどして支援しています。このほか，当事者としての経験に基づき，保護者からの相談に乗ったり，少年が民事トラブルに巻き込まれたときは，同法人の役員でもある弁護士が対応したりと独特の活動をし，世

注22）BBS運動を行う会員。BBS運動（**B**ig **B**rothers and **S**isters movement）は，兄や姉のような身近な存在として，非行に陥った少年たちと触れ合い，その健やかな成長を支援するとともに，非行や犯罪のない明るい社会の実現を目指して様々な非行防止活動を行っている。BBS運動の発祥地は，アメリカであるが，我が国では，昭和22年に京都市内の大学生を中心に広がり始め，全国各地でBBS会として組織化され，今日では，全国組織である日本BBS連盟の傘下に約4,700人の会員がいる。

注23）少年院出院者が経験と希望を分かち合い，仲間として共に成長することを目的として2009年1月に設立された団体。レクリエーションなどの交流会のほか，少年院在院者らに対し，自らの体験を語るメッセージ活動などを行っている。

注24）社会福祉法人やNPO法人等が自立準備ホームとして保護観察所に登録され，刑務所出所者等に対し，国からの委託に基づき，住居などを提供し，自立を支援している。

間の注目を集めています。

NPO 法人 TGF（田川ふれ愛義塾）の取り組み

　福岡県田川市に NPO 法人 TGF（田川ふれ愛義塾）が営む更生保護施設[注25] があります。平成 21 年 8 月に更生保護事業法に基づく継続保護事業の認可を受け，少年院を出院しても，帰るところがない少年らを受け入れ，いわゆる「同じ屋根の下で同じ釜の飯を食う」という共同生活を通じて，自主性や協調性を育み，世に送り出しています。同法人の理事長で，施設長を兼任している工藤良さん自身も少年院での生活を経験しています。工藤さんは，中学生の頃から暴走族に加入し，校内暴力に留まらず，暴走族の総長として集団暴走を繰り返す傍らで，やがて暴力団との繋がりができ，覚醒剤に手を出し，逮捕されてしまいます。しかし，拘置所の中で，これまで多くの仲間を悪の道に引き込んだことに懺悔し始め，執行猶予の言渡しを受け，釈放されてからは，自分の生まれ育った地域から自分のような者は出さないという志の下，「暴走族の連中を集めて，清掃活動などのボランティア活動を行う」という逆転の発想で世間の注目と関心を集め[注26]，その実績の延長線上で更生保護事業を営んでいます。

　令和 2 年末現在の定員が 14 名ですが，そのうち，4 名が女子です。職員室を挟んで男子の居室と女子の居室が分隔され，「近くにいるけど，どんな子か分からない」という微妙な距離感を保つようにしているとのことです。一方，同性同士では，濃密な人間関係の下，役割を分担し，寮自治のような雰囲気で生活をしています。私たちが訪問した際，少年自らが「ようこそ，いらっしゃいました」と笑顔で出迎え，職員室まで案内してくれ

注25）更生保護施設は，少年院や刑務所から出ても，身寄りがないなど，様々な事情で家族のもとに帰れない人たちを宿泊させる施設で，更生保護事業法に基づき，法務大臣の認可を受け，大半は，更生保護法人が経営している。一定の期間，国（保護観察所）から宿泊等の保護を委託され，宿泊費や食事費のほか，そこで働く職員の人件費に充てる費用が国費で支弁されている。その数は全国で 103 を数える（令和 2 年 4 月 1 日現在）。

注26）工藤良『逆転のボランティア』学習研究社，2004 年。

ましたし，夕食が終わった後もホールで少年らがテーブルを囲んで何やら話し込んでいます。工藤さんによると，寮則以外の細かなことは，話し合いで決めさせ，それを守らなかったときも，話し合いで解決させるとのことです。しかも，ルール違反のペナルティも違反者が自ら選ぶ選択の自由を与えているほか，驚いたことに夜間の見回りなども少年自身が主体的に行っているそうです。さながら，寄り合いと申し合わせで運営する伝統的な町内会のようですが，もっとも，これらがうまく機能しているのは，職員室から少年らの動きを温かく見守る職員の眼差しがあるからでしょう。「けんかはええじゃけんのう，いじめはいかんけん」という工藤さんの明快なメッセージの下，話し合いに話し合いを重ね，少年らで解決できない事態には，職員が直ちに駆けつけるという安心感と信頼感がなければ，たちまちボスが生まれ，インフォーマルな人間関係による支配が生まれ，「いじめ」の温床となることは想像に難くありません。

　更生保護施設「田川ふれ愛義塾」の入所期間は，およそ1年間ですが，その間に運転免許などの資格を取得したりして本格的に稼働し，80万円程度の資金を手にします。しかし，大半の少年は，家族の援助が得られないため，これだけで自立できるほど，現実は甘くないようです。このため同法人では，多くの少年を更生保護施設に隣接させるかたちで設置した自立準備ホームに入所させ，自らがアパートを契約できるまでの間も継続的に支援しています。このことは，家族の援助が得られない少年が自力更生するに当たっては，相当な年月と息の長い支援体制を要することを物語っています。一方，更生保護施設の入所者にとって見れば，段階的に自由を勝ち取り，自立更生に向けて歩んでいる生きたお手本を目の当たりにでき，将来への見通しを具体的に描けるため，現在の生活に対する意義を自覚できるという効果も期待できます。これらは，当事者ならではの柔軟な発想に基づく創造的な処遇として注目されています。

これら以外にも，少年非行を克服した者が中心となって，非行を繰り返す少年たちを支援する組織があります。確かに環境が良いことに越したことは

ありませんが，周囲があまりにも優等生ばかりであると，非行のある少年ら
は，かえって劣等感や疎外感を刺激され，辛い居場所となりかねません。ま
さに「**清水に魚棲まず**」です。それは，彼ら彼女らに限らず，誰にでも言
えることですが，「類は友を呼ぶ」という側面も考慮しなければなりません。
何となく，自分と同じ匂いがする人で，しかも，自分も頑張れば，手の届き
そうなモデルとの出会いが大きな影響を与えると考えられますし，実際，目
の前にいる非行を乗り越えた人の背中を通して生きる術を見出すことで無秩
序状態[注27]から抜け出すことも多く見受けられます。

注27）米国の社会学者であるマートンは，例えば，「経済的に豊かになりたい」という**文
化目標**に対し，「**就労**」などの**制度的手段**が大きく乖離していると，アノミー（無秩序状態）
が生じ，犯罪などの逸脱行動に至る傾向にあると主張した。

第2章

立ち直りに向けての関わり

第1節　見立てと手当て

　この世に産まれ落ち，生きていく上で，誰にも迷惑をかけずに生きていくことはあり得ません。しかし，迷惑が度を越し，これが他者を害する行為に至ったときは，被害者に対して謝罪し，被害を弁償した上で，再発防止に努めなければならないことは，言うまでもないことでしょう。とりわけ，警察沙汰となり，その後の刑事司法手続きを経て，更生を誓う立場に立たされたときは，同じ過ちを繰り返さない生活が求められます。しかし，残念ながら，その期待を裏切り，再発，すなわち，再犯・再非行を繰り返す人々も少なくありません。少年院や刑務所をはじめとする矯正施設に身柄を拘束されている間は，再犯・再非行のおそれ（リスク）は物理的に封じ込められていますが，身柄の拘束を解かれた瞬間に再犯・再非行のおそれが生じます。

　塀の外に一歩出れば，様々な誘惑が待ち受けています。「クスリ」，「酒」，「女」，「男」，「仲間」，「ギャンブル」など数え切れません。加えて，世間の心ない偏見や差別も避けて通れません。「年少上がり」「ムショ帰り」という言葉を幾度となく耳にするかもしれません。しかし，何よりも手強いのは，己自身の心に宿る性分です。生まれ持った資質と生まれ育った環境とが重ね合わさりながら，長い年月を通じて培われた性分は，やすやすと変えられるものではありません。せっかく理解のある雇主のもとで就職が決まったのに，その矢先に行方がわからなくなり，しばらくして盗みを働き，逮捕されるという例も珍しくはなく，「どうして？」「なぜ？」という疑問符が頭から離れ

なくなるときもあります。「今度こそ，真人間になろう」という更生の芽生えも，悲しい性分の土壌では，幹を太くし，枝葉を伸ばすことは難しいようです。非行や犯罪に至る性分を変えるのは，あたかも土壌の改良に一定の年月と人手がかかるのと同様のようです。土壌を改良する場合，土壌の性質を科学的に分析することから始めますが，非行のある少年や犯罪をした者の悲しい性分についても同様に客観的に見立てていかなければなりません。人間社会で生起する様々な出来事は，偶然に偶然が重なり，運命論的な色彩が強く，「たまたまです」とか「魔が差してしまいました」という具合に見過ごされることも少なくありませんが，成育歴などを丹念に調べていくと，そこに悲惨な境遇が浮かび上がってくることも多いものです。とりわけ，非行や犯罪の類いは，倫理や規範から逸脱するものであることもあって，見立てる側の心情が大きく揺さぶられるため，得てして「けしからん！」と情緒的な反応に終始し，見立ても処罰的なものとなりがちです。しかし，ここでは，いったん，自らの価値観から自由となり，論理的な展開を進めるに当たり，自らの情緒的な反応を括弧内に入れ込む配慮が求められます。

　ドイツの社会学者であるマックス・ウェーバーは，社会科学においては，自らの価値観を自覚し，これによって事実認識が歪められないよう配慮し続けなければならないという謙抑的な姿勢（**価値自由**）を提唱していますが，とりわけ，非行や犯罪という領域は，倫理や規範という価値観と密接に結びついているだけに，認識や分析に当たっては，そのような態度を常に意識してとらなければなりません。

　刑事司法手続きの過程では，検察庁，家庭裁判所，少年鑑別所[注1]，少年院，刑務所，地方更生保護委員会および保護観察所などの関係機関において，それぞれ調査が行われ，様々な書類が作成されます。成育歴のほかに心理検査や医師による診察の知見も加わることもあります。矯正施設はもとより，地方更生保護委員会や保護観察所においては，これらの情報を掻き集めて非行や犯罪に至った経緯やこれを許した生活環境などを様々な角度から分析し，

注1）少年鑑別所法に基づき，設置された法務省の施設。主に家庭裁判所において観護措置の決定がなされた少年を収容し，非行や犯罪に影響を及ぼした資質等を鑑別し，審判に向け，その少年の処遇に役立つ指針を示している。

非行や犯罪を繰り返さないための具体的な処遇方針を策定することになります。

　非行や犯罪を繰り返さないための具体的な方針の策定に当たり，非行のある少年や犯罪をした者の性分について，①**生活習慣**，②**障害**，③**嗜癖**（依存症）という３つの範疇（カテゴリー）から見立てることが有用であると考えます。

1　生活習慣

　多くの非行や犯罪が生活習慣に起因していることは，言うまでもありません。例えば，額に汗して働くという勤労観に欠け，無為徒食の状態で無計画に出費し，借金で首が回らなくなった挙げ句に強盗を企てたという事例の場合，不就労や浪費という生活習慣に問題があることを指摘できます。とりわけ，少年の場合には，家庭内の不和が基調にあって，深夜はいかいが常態化し，昼夜逆転した日々において，夜間に不良仲間の影響を受け，恐喝，バイク盗，無免許運転などの非行を繰り返す例が多く見られます。

　非行や犯罪が生活習慣に起因する色彩が濃厚な場合，例えば，就労させ，規則正しい生活を営ませた上で，交友関係を改めさせ，深夜の外出を控えさせるという方向で本人を動機づけていくことが求められます。言うなれば，「**生活再建**」が課題となりますが，いったん，望ましい生活習慣が確立したら，今度は，これが崩れないように自らの生活を見つめ直させる「**生活点検**」という課題へと移行することになります。

事例４

　D君は，地元の公立高校の普通科に進学しますが，学力不足から，授業についていくことができず，そのうっぷんを晴らそうとして地元の素行不良者に急速に接近し，高校１年生の夏休みを前にして，深夜，不良仲間３人と共に母校の中学校に忍び込み，校舎の窓ガラスを割るなどの事件を起こしました。警察などでの取り調べを受けた後，家庭裁判所に両親と共に呼び出され，審判が開かれました。審判において，D君が著しい反省の態度を示したこともあって，今回の事件については，「不処分」の決定がなされました。しかし，その後も地元の素行不良者との交際は続き，深夜はいかいも改まらない状態であったところ，学業が振るわず，留年が決まっ

たのを受けて高校を退学し，通信制の高校への転校を余儀なくされました。これを機に地元の素行不良者の集まりに自らの居場所を求めるようになり，度々，自動二輪車による集団暴走に加わる日々となりました。当初，D君は，「すげえことをしている」と悦に入っていましたが，仲間が次から次に警察に逮捕されていることを知り，怖くなって自ら警察署に出頭しました。逮捕を免れましたが，再び家庭裁判所に両親と共に呼び出され，審判が開かれ，「保護観察」の決定がなされました。

　保護観察所で保護観察官による面接がなされ，①共犯者との交際の禁止「共犯者との交際を絶ち，一切接触しないこと。」，②就学の継続「通信教育課程の受講を続けること。」，③交通学習の履修「保護観察所の長が定める交通学習に関する学習をすること。」の条件（特別遵守事項）が定められるとともに，毎月２回の頻度で保護司による面接を受けることになりました。

　D君は，保護司との定期的な面接を受ける中で，共犯者との交際を絶ち，通信制の高校での学業を優先にしながら，飲食店でのアルバイトを続けるという日々の暮らしぶりを点検しつつ，定められた教材に基づく交通学習が続けられました。実際に起きた悲惨な交通事故を話題にしながら，D君の行く末を思い，親身になって語る保護司に心を開き，彼は，次のような感想文を提出しました。

　「今思えば，本当に馬鹿なことをしたと思います。あのときは，調子に乗っていました。そんなに悪いことだと思っていませんでした。でも，今は，捕まって，このような処分を受けて良かったと思います。いろいろと学習できたので，事故を起こす前に捕まって良かったなと思えます」

　「保護観察がはじまって自分自身がすごく変わったと思います。変わった所といえば，友達関係を考えるようになりました。事件でかかわった人たちはもちろんですが，ふざけすぎる人たちとは，きっぱりと関わりをやめました。自分なりに周りの環境を変えたことで良い生活がおくれています。……（中略）……保護司さんが○○さんで本当に良かったと思います。ぼくの生活のことを気にかけてくださって，これからも変われた部分を継

続していきたいと思います」

　この頃，家庭内でのＤ君の様子を探るため，保護司が家庭を訪問し，母親と面接したところ，素行不良者からの誘いもなく，毎日，午後９時までには帰宅し，規則正しい生活が送れていることに加え，保護司から勧められた書籍を購入し，読み始め，親の話にも耳を傾けるようになっていることが確認されました。その後，Ｄ君は，保護司の勧めもあって，介護老人保健施設において車椅子などを清掃する社会貢献活動にも参加するなどの体験を経て，将来は，美容師になりたいという目標を語るまでになりました。保護観察に付されてから１年を経過した時点で，学業とアルバイトを両立する堅実な生活態度が定着したものと認められ，Ｄ君の保護観察は，解除されました。

　Ｄ君の場合，学業不振の反動とも言える素行不良者との結びつきを通じて悪事に手を染めています。これが一過性のものであれば，たいていは，家庭裁判所の審判において，裁判官から説諭されることで心を入れ換えることに期待し，公的機関が継続的に関わることを回避する「不処分」の決定がなされるのですが，残念ながら，Ｄ君は，従前において，その機会を生かすことができず，二度目の審判で「保護観察」の決定がなされました。審判に先立って行われる家庭裁判所調査官における社会調査において，生活習慣が改善される兆しを認めつつも，周囲の影響を受けやすく，付和雷同する性格傾向に加え，両親の放任的な養育態度などの懸念材料が指摘されていましたので，この見立てを踏まえ，保護観察の実施に当たっては，保護司による定期的な面接によって生活の点検などを積み重ねることになりました。幸い，Ｄ君は，素直な一面も見られ，保護司の関わりによって，次第に良い影響を受け，見る見るうちに生活習慣を改善していきました。
　生活習慣を改善させるためには，改善すべき課題を明確にし，具体的にどのようにするのかを考えさせながら，経過をきめ細かく申告させて，その都度，動機づけを行うという地道な積み重ねが求められます。当面は意識して

取り組ませ，取りこぼしがあれば，その都度，修正させ，一定期間，経過を観察した上で，意識しなくとも望ましい生活習慣が定着するようであれば，生活状況の申告をさせる必要はなくなります。幼少の頃，母親から「ちゃんと歯磨きした？」と問われて，慌てて洗面台に向かっているうちに，いつの間にか，特に意識することなく，洗面台に向かっていたという記憶が蘇ります。母親から問われる前に歯を磨いていれば，褒められるという幼心に懐かしさを覚える方もいらっしゃることでしょう。自分一人では困難であっても，誰かに支えられ，二人三脚で取り組むうちに，望ましい生活習慣が確立される例は，枚挙にいとまがありません。非行や犯罪が生活習慣に起因する場合も同様と言えるでしょう。とは言え，彼ら彼女らの場合，偏向した資質，葛藤を抱える家庭環境，しがらみの強い不良交友などの様々な負因が根底にあって，一筋縄でいかないこともまた事実です。

事例 5

　E君の母親は，夫の暴力に耐え切れず，幼いE君を残して家出し，以後，E君は，高圧的な父親のもとで生育しました。中学生になると，母親のいない寂しさもあって，幸せそうな家庭の同級生を見ると，羨ましくなって，不特定多数の生徒に対して様々な嫌がらせをするうちに，教師や同級生らに暴力を振るうほか，年長者との不良交遊などの問題行動を繰り返す日々となってしまいました。ついに傷害事件に発展し，家庭裁判所の審判で「少年院送致」の決定がなされました。およそ1年間に及ぶ矯正教育を経て，少年院からの仮退院が許可され（被害者との接触禁止「被害者に直接会わないこと。」の条件《特別遵守事項》を設定），父親のもとに帰りますが，高圧的な父親から逃げるようにして家出を企て，警察署に保護される状態に陥ったことから，保護司からの連絡を受け，駆けつけた保護観察官は，父親の了解を得た上で，E君を更生保護施設に預けることにしました。しかし，更生保護施設でも職員に反抗するなどしたことから，その度ごとに保護観察官が面接して諫めるも，生活態度を改めるには至らず，とうとう出奔してしまいました。その後，保護観察から離脱していることに加え，広範囲に及ぶ不良仲間と行動を共にし，乱闘騒ぎを起こすなどの粗暴行為

が頻発したことから，保護観察官は，警察官と連携して引致状^{注2)}を執行し，少年院へ戻す手続き^{注3)}を行いました。これを受けて家庭裁判所で審判が開かれ，Ｅ君に対して再び「少年院送致」の決定がなされました。

　Ｅ君は，大人に反抗する傾向が著しく，保護司による定期的な面接を積み重ねても，いたるところで粗暴な言動を繰り返しました。保護観察官による指導監督を強化しても，事態が好転せず，結局のところ，穏やかで安定した生活の場すら確保できないまま，保護観察から離脱していきました。幸い，重大な再犯を起こす事態は，回避したものの，残念ながら，少年院における矯正教育の成果を発揮させることができませんでした。

事例6

　26歳の男性であるＦさんは，高校卒業後，大手メーカーに就職し，22歳のときに結婚。若くしてマイホームを建てましたが，より高い賃金を求めようとして安易な考えで大手メーカーを退職してからは，転職を繰り返すようになりました。その後，長女が生まれ，妻が育児に時間を取られ，就労できないこともあって，家計が破綻し始め，妻との関係も悪くなっていきました。憂さ晴らしと一攫千金を求めてパチンコに溺れる生活に陥り，友人にまで借金をするようになりました。当然，パチンコでは，勝ったり負けたりであったので，パチンコで金を稼ぐための資金を手に入れることを考え，深夜に侵入盗に及びました。これに味をしめ，今度は，多額の現

注2) 保護観察所の長は，保護観察に付されている者について，一定の事由に該当すると認められる場合には，裁判官のあらかじめ発する引致状により当該保護観察対象者を引致することできる（更生保護法第63Ⅱ）。

注3) 少年院仮退院者は，保護観察に付されるが，保護観察中に遵守しなければならない遵守事項を遵守しなかったと認められ，その情状や保護観察の実施状況等を考慮し，少年院に戻して処遇を行うことが必要かつ相当と判断されるときは，保護観察所の長の申出を経て，地方更生保護委員会が少年院送致の決定をした家庭裁判所に対し，少年院に戻して収容する旨の決定の申請をすることができる。申請を受理した家庭裁判所は，審判を行い，その結果，少年院に戻して収容するか，申請を棄却するかの決定がなされる。

金を得ようとして深夜にコンビニエンスストアに刃物を持参して押し入り，現金を出すよう脅迫するも，店員が応じなかったことから，逃走し，後日，逮捕されました。

事件の発覚後，Ｆさんの親族が被害弁償と借金の全額を支払い，被害者との間に示談が成立しましたが，その一方で，妻との間に離婚が成立し，不安定な生活環境に陥りました。裁判では，金銭管理を含めた生活再建に努めることを条件として保護観察付執行猶予（懲役１年・執行猶予４年間）の言渡しを受けました。

保護観察所で保護観察官による面接がなされ，Ｆさんは，母親のもとで居住することを届け出た上で，①就労の確保「就職活動を行い，又は仕事をすること。」，②パチンコ店等の出入り禁止「パチンコ店やスロット店に出入りしないこと。」の条件（特別遵守事項）が定められ，毎月２回の頻度で保護司による面接を受けることになりました。加えて，①金銭管理の徹底「無駄遣いを慎み，堅実な生活を送ること。」②被害弁償等を立て替えた親族への返済「借金や被害弁償のため，立て替えた金額を親族に返済すること。」の努力義務（生活行動指針）が定められました。

Ｆさんは，速やかに親族の紹介でメーカーに就職し，工場で働きながら，保護司との定期的な面接を受ける中で，給与明細書や預金通帳の残高が記載された書面を提示し，金銭管理と親族への返済状況の申告を励行しました。その結果，金銭管理の習慣が身につき，計画的に親族に返済する実績を積み重ね，同居する母親の信頼も得られるようになりました。保護観察官による面接においても，分不相応のローンを組み，追い詰められていった当時の自分を振り返り，被害者はもちろんのこと，家族に迷惑をかけたことを申し訳なく思い，堅実な生活を続けて償っていきたいとの心境を吐露するに至りました。保護観察に付されてから３年後，Ｆさんは，健全な生活態度を保持し，善良な社会の一員として自立できると認められ，４年の執行猶予期間のうち，およそ１年間を残し，地方更生保護委員会の決定によって保護観察が仮に解除[注4]されました。

Ｆさんの場合，事件の発覚後，幸運なことに親族によって，速やかに被害弁償を含む「生活再建」が図られましたので，保護観察においては，金銭管理を中心とした堅実な生活を定着すべく，「生活点検」を積み重ねるという課題から入ることができました。とりわけ，金銭の管理や借金返済の履行は，自己評価では，甘くなりがちであるところ，3年にわたって保護司が公平な第三者の立場で月単位での申告を受け，必要な助言をし続けることで，望ましい生活習慣が身についたと言えるでしょう。

2　障害

　非行や犯罪の背景に障害が隠れていることは，珍しくありません。知的障害，精神障害，発達障害，パーソナリティ障害などを抱えているのに，これに気づかれず，適切な医療や福祉の措置を受けていないがゆえに不適応を起こし，その結果，非行や犯罪に至っている例もあります。例えば，発達障害の代表格の1つである自閉症スペクトラム障害（ASD)^{注5)}の場合，知的障害が伴わなくても，他者とのコミュニケーションが苦手な一方で，独特なこだわりを持ち，独自の世界観を構築する傾向にあることが指摘されています。その特性を周囲が理解しないと，対人トラブルを頻繁に起こし，周囲から孤立していきます。中には，インターネットを通じて残虐なシーンなどが写し出されている映像に触れることで，人体の解剖に興味を抱いたり，「人を殺すと，どうなるのか」とか「人が死ぬところを見てみたい」と考えるようになったりし，その挙げ句に「人を殺してみたい」という殺人願望に発展する例すらあります。

　また，軽度の知的障害の場合，特別支援学校などで特殊教育を施すべきか否かの判断が見過ごされたり，判断が難しかったりして通常の義務教育を受

注4）保護観察付執行猶予者について，保護観察を仮に解除しても，健全な生活態度を保持し，善良な社会の一員として自立し，改善更生することができると認められるときは，保護観察所の長の申出を受けた地方更生保護委員会の決定をもって仮解除の処分をし，これに伴い，保護観察における指導監督及び補導援護を行わないことができる。

注5）Autism Spectrum Disorder の頭文字を取っているもので，自閉症スペクトラム障害と訳され，従来の自閉症，アスペルガー症候群などの独特なコミュニケーションや常同行動などが含まれる様々な状態を連続体として単一の診断名で再定義された。

けさせていることがあります。そのような場合，学業成績が著しく振るわず，劣等感ばかりが先行し，自己有用感を抱けないまま，周囲からも無能だなどと口汚く罵られたりして世間に対する敵意を抱き，悪事に走る例も珍しくありません。

　非行や犯罪の背景に障害が隠れているときは，本人や周囲が障害を受容し，障害の程度に応じた医療や福祉を施すとともに，障害特性を正しく理解しないことで引き起こされる**二次障害**を防ぐべく周囲に協力を求めることが必要となってきます。

事例7

　18歳のG君は，高校を卒業後，地元の企業に就職し，工場で勤務し始めました。しかし，その直後，通行中の女性に背後から抱きつき，わいせつ行為に及んだことで逮捕され，少年鑑別所に収容されました。家庭裁判所の社会調査において，G君は，高校在学中からスマートフォンなどを利用してレイプシーンの動画を長時間にわたって視聴する習慣が身につき，次第に「自分もやってみたい」という空想に取りつかれ，下校中に女性を尾行することを繰り返すようになったことが明らかになりました。加えて，少年鑑別所の資質鑑別において，「発達障害」の疑いが指摘されました。

　家庭裁判所でG君の非行に対する審判が開かれ，「保護観察」の決定がなされました。保護観察所での保護観察官による面接において，スマートフォンなどでのわいせつ画像の視聴禁止（「スマートフォンなどを利用してわいせつ画像を見ないこと。」）のほか，健康管理の励行（「健康管理に努めること。」）を加えた努力義務（生活行動指針）を明示した上で，精神科医の診察を勧めました。後日，G君は，精神科医の診察を受け，その結果，自閉症スペクトラム障害（ASD）と注意欠如・多動性障害（ADHD）[注6]の診断がなされました。これを受け，保護司による定期的な面接を通じ

注6）Attention Deficit and Hyperactivity Disorder の頭文字を取っているもので，注意欠如多動性障害と訳され，発達障害の一種である。集中力に欠け，落着きがなく，就学期において授業中に歩き回るなどの症状を示すほか，成人し，就労してからも，ケアレスミスの頻発や対人トラブルなどを引き起こし，不適応状態を示すことが多い。

て，健康的な生活習慣を身につけさせるべく，生活の点検を積み重ねていきました。通院先の精神病院では，抗精神病薬（エビリファイ）が処方され，これを服用するとともに，Ｇ君に対するカウンセリングが行われていましたが，これと並行して保護観察官の指示に基づき，保護司が母親に対し，Ｇ君の障害を受容し，Ｇ君に対する関わり方に配慮するよう粘り強く働きかけました。その結果，母親の態度も徐々に軟化し，保護観察所で行っている保護者会にも参加するようになりました。Ｇ君がレイプシーンを好んだのは，女性を無力化して自分の思いどおりにできると考えたからで，その背景には，他者との意思疎通（コミュニケーション）が苦手で，母親に対し，自分の気持ちを伝えられない欲求不満が潜在していたことが明らかになってきました。実際，Ｇ君は，進学を望んでいたのにもかかわらず，母親の強い意向で地元の企業に就職したという経緯がありました。

　Ｇ君は，「自分の思っていることを言葉にして他人に伝えることができず，自分の行動によって，どのようなことが起こるのか，周囲がどのように思うのかを想像することができない」という自閉症スペクトラム障害（ASD）の特性に加え，「後先を考えず，思いつきで行動する」という注意欠如・多動性障害（ADHD）の特性の双方を有していました。保護観察官は，これらの障害特性を母親に説諭した上で，Ｇ君との意思疎通に当たり，交わす言葉を短く，わかりやすく，はっきりしたものとするよう心がけ，大事なことは，ノートに書いて伝え合うよう助言しました。自閉症スペクトラム障害（ASD）を有している者は，聴覚的短期記憶に難があることが指摘され，刺激を整理して視覚情報を使って指示し，手順を一定にして急な変更を避けるというのが常道であるからです。

　Ｇ君の場合，事件が発覚し，勤め先を解雇されたことから，今後の進路をどうするのかが課題でしたが，Ｇ君の意思を尊重し，焦らず，アルバイトをしながら，親子の意思疎通を図ったところ，およそ半年かけて専門学校を受験することに決まり，無事，志望校に合格することができました。専門学校に進学後，精神病院への通院を続けながら，カウンセリングで学び取ったコミュニケーションスキルを少しずつ実践し，それまで両親の言いなりであった親子関係も十分な意思疎通が図られるようになり，審判か

ら1年後，保護観察が解除されました。

自閉症スペクトラム障害（ASD）と注意欠如・多動性障害（ADHD）の双方を併せ持つG君がスマートフォンなどを利用して，わいせつ画像を見ることは，わいせつ画像に対する独特のこだわりを抱かせ，衝動的に再非行に至る危険性が極めて高いと考えられます。本事例では，このことをG君自身に理解させるとともに，両親にもG君との意思疎通に配慮を求めたことが功を奏したものと推察されます。

　G君のように，非行や犯罪が発覚し，取り調べや裁判に至って，初めて障害の疑いを指摘されることが少なくありません。しかし，発達障害を含む精神障害の場合，確定診断までに至らなかったり，診断されても，本人やその家族が障害を受容せず，しかるべき治療や支援を受けられない場合があるのが残念です。治療や支援を性急に進めると，かえって反発を招き，結果的に治療や支援の機会を失うことになりかねないので，慎重に言葉を選んで，「診察」，「治療」，「支援」の必要性を伝えながらも，本人らの意思を尊重し，これらを求める兆しがあれば，直ちに働きかける用意周到な姿勢が求められます。

　なお，自閉症スペクトラム障害を有している者の多くは，G君のように自分の思っていることを言葉にして他人に伝えることができないことに加えて，自分の行動による影響を想像することができないので，突然，周囲が唖然とするような極端な行動に至る危険性があることが指摘されています。彼ら彼女らが暴行や放火などの罪名とともに刑事司法の領域に姿を現すこともあります。次の事例は，自閉症スペクトラム障害の診断がなされているか，またはその疑いがあるとされているものです。

- 中学生の頃から4年にわたって自宅に引きこもっている少年（18歳）は，自宅にいることが嫌になり，世間を騒がす大きな事件を起こせば，引きこもりの状態にある人たちを受け入れる施設に無料で入所できると考え，包丁を用意してコンビニエンスストアに立てこもる事件を起こしました。
- ある少女（17歳）は，中学生のとき，拷問で殺されるシーンをテレビ

で見てから，自宅に引きこもり，パソコンを利用してインターネット上
の殺人ゲームに参加するようになりました。「人を刺してみたい」「人
体の中身を見てみたい」という殺人願望が抑えられず，果物ナイフを持
ち歩いては，猫を殺傷するようになりました。住民からの通報を受けて
駆けつけた警察官に対し，少女は，ポケットから果物ナイフを取り出し，
突き付けたことから，その場で現行犯逮捕されました。
- ある女子学生（20歳）は，学生生活になじめず，複数の同級生にメー
  ルを発信しても応答がなかったことを無視されたと受け止め，腹を立て，
  同級生の所持品に放火し，建物の一部を延焼させました。

このような認知機能そのものに大きな歪みのある者については，反省を求
めても功を奏さないことが多く，早期に障害を発見して専門家による治療や
支援を含む特別な手当てをする必要性が認められます。

事例8

　17歳のH君は，小学校に入学した時点から，授業中，落ち着きがな
く，教室を走り回り，他の児童とのトラブルが相次いでいました。このた
め，精神科医の診察を受けたところ，軽度知的障害に加え，広汎性発達障
害（PDD）と注意欠陥・多動性障害（ADHD）の診断がなされ，中枢神
経刺激剤（コンサータ）を服用するようになりました。しかし，その後も
行動に変化がなく，小学6年生からは，特別支援学級で授業を受けるよ
うになりました。中学校に進学すると，万引きをして補導されたり，幼稚
園に通う女児に興味を示したりする状態になりました。中学3年生のとき，
公園で遊んでいた6歳の女児を手招きして呼び寄せ，人目のつかない場
所に連れ込んだ上で，背後から女児の肩を触り，自らの左腕を女児の首に
回して絞めたという暴行の容疑で逮捕されました。その後，少年鑑別所の
収容を経て，家庭裁判所における調査の結果，児童福祉法の規定による措
置を相当と認め，児童相談所長に送致することの決定がなされ，親もとに
戻りました。これを受けて児童相談所[注7]が介入し，H君に対する定期的
な面接のほか，両親に対してもH君との関わり方についてのトレーニング

が実施されました。

　中学校の卒業を前にして療育手帳注8)（B2）を取得し，卒業後は，知的障害児の職業訓練・生活訓練施設に入所しました。親もとを離れての生活となりましたが，相手の気持ちを想像できず，こだわりも強いため，他の入所者とのトラブルが続発していました。そうしたところ，訓練の休憩時間に女子の入所者を呼び寄せては，彼女の首や肩に加え，乳房を触っては，首を絞めるという行為を3週間にわたって繰り返していることが発覚し，施設に入所してから1年2カ月経過後，児童相談所に一時保護され，その後，家庭裁判所に送致され，再び少年鑑別所に収容されました。家庭裁判所の審判でH君の行為が暴行として認定され，「少年院送致」の決定がなされるとともに，出院後の適切な帰住先等の確保のため，保護観察所に対し，環境調整命令注9)が発令されました。

　審判の結果を受け，少年院で矯正教育がなされるとともに，出院後に備えて，両親の同意の下，保護観察所がN市の障害福祉課，発達障害者支援センター注10)，児童相談所，知的障害児の職業訓練・生活訓練施設，少年鑑別所，地域生活定着支援センター注11)の担当者を招集し，連携会議を定期的に開催しました。その結果，出院時に18歳を超えるH君は，親もとに帰住させて就労による自立を目指すことにし，H君が通う就労支援作

注7）児童福祉法に基づき，設置された児童福祉の専門機関。すべての都道府県及び政令指定都市に最低1つ以上の児童相談所が設置されている。児童（0歳から17歳まで）を対象とし，家庭や学校からの相談に応じるほか，必要な調査または判定をなし，児童の一時保護も行う。児童虐待や子育ての相談については，24時間365日，相談を受け付けている。

注8）知的障害者と判定された者に対し，都道府県知事または政令指定都市の長が発行する障害者手帳。18歳未満は，児童相談所，18歳以上は，知的障害者更生相談所が判定を行う。

注9）環境上の問題が特に大きい少年に対し，少年院送致または保護観察の保護処分の決定に際し，少年法第24条第2項に基づき，保護観察所の長に対し，発せられる命令。

注10）発達障害者支援法に基づき，発達障害者への支援を総合的に行うことを目的とした機関。都道府県もしくは政令指定都市が自ら行うか，または都道府県知事等が指定した社会福祉法人等が運営している。

注11）高齢又は障害を有する刑務所出所者らが出所後直ちに福祉サービスが受けられるよう設置された機関。厚生労働省の「地域生活定着支援事業」として都道府県に1カ所（北海道は2カ所）設置され，社会福祉法人やNPO法人などが受託している。

業所に加えて，両親のH君に対する監護を補う障害者相談センターを調整することになりました。連携会議に連動して保護観察官と保護司による両親との面接を行う一方で，少年院では，H君に対し，親もとへの一時外泊をさせ，作業所の見学のほか，発達障害者支援センターの相談員による面接などを行う特別の配慮をしました。

審判から１年後，少年院からの仮退院が許可され（①異性や子どもへの付きまとい行為の接触禁止「異性や子どもに付きまとわないこと。」，②被害者との接触禁止「被害者に直接会わないこと。」，③就労の確保「就職活動を行い，又は仕事をすること。」の条件《特別遵守事項》を設定），両親のもとに帰りました。保護観察所での保護観察官による面接において，就労支援Ｂ型作業所[注12] に入所し，週に４日の頻度で障害者相談センターの支援員による家庭訪問等が行われるとともに，精神病院にも通院する方針を明確にした上で，毎月２回の頻度で保護司による面接を受け，生活状況の報告を励行することを約束させました。保護司による面接はもとより，おおむね３カ月に１回の頻度で行う保護観察官による面接で，遵守事項が守られていることを確認していきました。出院後も引き続き連携会議が定期的に開催され，１年が経過する頃には，H君から「すみません」「ありがとうございました」「お願いします」などの言葉が自然に発せられ，緩やかではあるが，相手のことを考えるようになったとの変化が報告されたほか，作業報酬の高い就労支援Ａ型作業所[注13] への異動を検討するまでに至りました。懸念された女児への接近の様子も全くなく，１人で外出しても帰宅の時刻を知らせてくるほか，家事の手伝いを進んで行うなど家庭内でも落ち着いた生活態度が保たれていることから，障害者相談センターの支援員による家庭訪問等が週に１回の頻度に緩和されました。

仮退院が許可されてから１年６カ月を経過した時点で，地方更生保護

注12）障害者総合支援法に基づくサービスの１つで，障害や疾病を有し，体力等の理由から，企業等で雇用契約を結んで働くことが困難な者に対し，比較的簡単な作業を短時間から行わせることができる施設。

注13）障害者総合支援法に基づくサービスの１つで，障害などがあることにより，企業等で就労が困難な者に対し，雇用契約を結び，継続的に就労させることができる施設。

委員会の決定により，退院が許可されました。これに伴い，保護観察も終わりました。

　非行のある少年や犯罪をした者が障害を抱えている場合，障害の程度に応じた医療や福祉による手当が必要となる場合が多いのですが，そもそも障害があろうとなかろうと，あるいは，どんなに困窮していたとしても，「やらなければならないこと」や「やってはいけないこと」があることを彼ら彼女らにも学ばせ，実践させなければなりません。保護観察においては，「やらなければならないこと」や「やってはいけないこと」が遵守事項として示されます。障害を抱え，罪を犯した人たちの更生に向けては，H君の場合のように，保護観察などの枠組みを活用して医療や福祉の分野と積極的に連携していくことが求められます。

事例9

　Iさんは，47歳の女性です。21歳のときに結婚し，娘を出産したのを機にうつ病を発症しました。精神病院に入院して治療を受けますが，その後も完治せず，夫の威圧的な態度もあって，落ち込んだ気持ちを飲酒して紛らす日々を送るようになりました。年の離れた夫が脳梗塞で倒れたことで生計が苦しくなり，生活保護を受けるようになると，夫との諍いも絶えなくなりました。酒に溺れ，酩酊状態で酒代を要求して暴れる態度に業を煮やした夫がIさんを咎めたところ，Iさんが逆上して包丁で夫の腹部を刺すという凶行に及び，Iさんは，殺人未遂の容疑で逮捕されました。
　裁判では，被害者である夫が宥恕の態度を示していることに加え，市の障害福祉課などが精神病院に入院できる体制を整えたことから，保護観察付執行猶予（懲役3年・執行猶予4年間）の言渡しを受けました。Iさんは，直ちに精神病院に任意入院し，持続性気分障害の診断がなされました。裁判の確定後，一時外出が許され，保護観察所で保護観察官の面接を受け（特別遵守事項の設定なし），服薬の継続（「精神科医の指示に従って症状の抑制又は緩和に必要な服薬を継続すること。」）のほか，断酒（「酒を一切飲

まないこと。」,「断酒会等の自助グループに参加すること。」）を加えた努力義務（生活行動指針）が定められました。

　毎月，保護司が精神病院に赴き，Ｉさんはもとより，医療関係者と面接し，退院の時期を探っていたところ，生活保護を受けてアパートで一人暮らしをすることになり，入院してから半年後に退院しました。退院後，定期的に精神病院に通院し，診察を受けるとともに，別居している夫と一緒に断酒会に参加するほか，訪問看護を受けるという生活を始めましたが，退院して２カ月後，保護司がＩさんの住まいを訪問すると，部屋が散らかり放題で，Ｉさんの様子が明らかにおかしいことにも気づきました。このため，保護観察官の指示の下，保護司がＩさんを通院先の精神病院に引率したところ，非定型精神病と診断され，再び入院することになりました。

　入院生活を続け，幻聴や妄想を抑制する薬を服用した結果，Ｉさんの症状が緩和したことから，３カ月後に退院し，再び生活保護を受けてアパートで一人暮らしをすることになりました。今度は，前回の反省から，従来の訪問看護に加え，新たに社会福祉協議会の支援員による生活指導が行われ，その状況を保護司による面接で確認することになりました。

　また，保護観察官による面接で，夫がＩさんに頻繁に接し，これがＩさんの精神的な負担になっていることが明らかになりましたので，保護司がＩさんと夫の双方に対し，距離感の取り方について助言しました。

　さらに，保護観察所において，Ｉさんの服薬の継続（「精神科医の指示に従って，症状の抑制または緩和に必要な服薬を継続すること。」を努力義務（生活行動指針）から条件（特別遵守事項）に格上げし，Ｉさんの治療に向けての動機づけを強化しました。その後，夫の理解も得られ，多少の諍いが生じるものの，おおむね節度を持って交流するようになりました。精神的な負担が軽減されたＩさんは，通院と服薬を励行し，断酒会にも参加するようになり，飲酒の習慣が消失していきました。その後，おおむね順調に経過し，４年間の執行猶予期間を無事に終えました。

　Ｉさんのように，精神病に罹患していても，刑事責任能力が認められ，実

刑や執行猶予の判決になる例は，珍しくありません。その場合，病状に応じた適切な治療を受け続けているか否かが再犯防止を占う鍵と言っても過言ではありません。

　Ｉさんの場合，精神病院に入院している段階から，保護観察官や保護司が医療関係者や生活保護の担当者とも連携し，退院後，Ｉさんはもとより，被害者でもある夫とも面接を積み重ね，Ｉさんの病状が悪化した際は，速やかに再入院の機会を確保することができました。他害行為に至る前に治療方針が見直されるとともに，夫との関係性が改善された意義は大きいと言えるでしょう。一人暮らしであったり，家族が被害者となったりしている事案などは，生活状況をきめ細かく念入りに把握しつつ，折に触れて治療への動機づけを行ったり，生活再建に向けての助言をしたりする第三者の存在が必要です。

事例10

　Ｊさんは，33歳の男性です。中学校を卒業後，転職を繰り返していたところ，29歳のとき，生活費に困窮した挙げ句に包丁を用意した上で，コンビニエンスストアに押し入り，店員から現金２万円を強奪した容疑で逮捕され，強盗と銃砲刀剣類等所持取締法違反の罪により，裁判で懲役３年６カ月の言渡しを受けました。受刑中に出所後の帰住予定地として更生保護施設を希望し，およそ６カ月間の刑期を残して仮出獄[注14]が許可され，更生保護施設で自立を目指して生活する日々となりました。

　しかし，出所して１カ月後，Ｊさんが突如として施設の職員らに対し，「自分の悪口が聞こえる。誰かに狙われている。このままだと殺される」などと申し述べるのみならず，幻聴や被害妄想などの症状を訴え，自殺をほのめかして施設を飛び出そうとしたことから，「精神保健及び精神障害者福祉に関する法律」（以下「精神保健福祉法」）第25条の規定に基づき，保護観察所長による都道府県知事に対する通報を行いました。その結果，Ｊさんは，統合失調症と診断され，精神病院への医療保護入院の手続きがと

注14）平成17年に刑事施設及び受刑者の処遇等に関する法律の制定に伴い，刑法が改正されるまでは，刑務所からの仮釈放を仮出獄と呼んでいた。

られました。

　入院して３日ほど経つと，Ｊさんの態度が豹変し，無理な要求を強要するようになりました。深夜であってもナースコールを頻繁に行い，看護師を困窮させた挙げ句に「こんなんだったら，暴れてやる。刑務所の方がましだ。ばかたれか」などと聞くに堪えない暴言を吐いたり，要求が通らないと，怒りを露にして扉を蹴るなどの粗暴行為が続発したりしたことから，保護司が駆けつける事態に陥りました。保護司の面接を受けた後も，看護師らに対する態度が改善されないばかりか，テレビのチャンネル争いが原因で，60歳の男性患者をげんこつで殴るという深刻な事態が発生するまでに至りました。このため，直ちに保護観察官が調査に入り，被害を受けた患者のほか，看護師から事情を聴取した上で（質問調書の作成），主治医の見解を求めました。その結果，「投薬治療によって幻聴や妄想の症状は抑えられている。安全な病院内で，些細なことで粗暴行為に至っているのは，病気のためでなく，性格の問題である。看護師に対する不当な要求を見る限り，善悪の判断能力が十分にあると認められる」との証言が得られましたので，裁判所から引致状の発付を受け，Ｊさんに対し，引致状を執行の上，保護観察所に連行して事情を聴取しました（質問調書の作成）。その結果，Ｊさんは，拘置所に留置され，後日，地方更生保護委員会の決定により，仮出獄が取り消され，刑務所で服役することになりました。

　精神保健福祉法の第25条において，「保護観察所の長は，保護観察に付されている者が精神障害者又はその疑いのある者であることを知ったときは，速やかに，その旨を都道府県知事に通報しなければならない」と記されています。これを行った場合は，２人以上の精神保健指定医の診察を受け，その結果，都道府県知事による措置入院の手続きがとられることもありますが，Ｊさんのように医療保護入院という形態がとられることもしばしばです。精神病院での治療が軌道に乗っているのであれば，問題はないのですが，Ｊさんの場合，自らの要求を押し通し，要求が通らないと，粗暴な振る舞いを行った挙げ句に患者に対する暴行（遵守事項違反）に及んだことから，刑務

所に戻す措置をとらざるを得ませんでした。犯罪を起こす精神障害者の中には、疾病性と別に反社会的な行動様式を取り込んでいる者もいるので、これを起動させない心理規制や環境づくりが必要であると言えます。

　ちなみに、Jさんは、仮出獄が取り消されて服役し、その後、満期釈放されました。それから15年を経過しましたが、再び刑務所に入所したという記録はありません。

3　嗜癖（依存症）

　嗜癖とは、アディクションの和訳で、平たく言うと、「わかっちゃいるけど、やめられない」という状態です。依存症とも呼ばれ、薬物依存、アルコール依存のような**物質依存**、盗撮、痴漢、下着盗、買い物依存、ギャンブル依存、窃盗症（クレプトマニア）などの**行為依存**、ドメスティック・バイオレンス、ストーカー行為などの**関係依存**などに分けられます。

　嗜癖の状態になると、就職などの常識的な生活再建がかえって再発の危険性（リスク）を高めることになります。例えば、薬物依存の状態にある者の場合、職を得たとしても手放しでは喜ぶことができません。なぜならば、仕事に就き、一定の収入を得ると、覚醒剤などの規制薬物を購入することができるようになるからです。規制薬物は闇の価格で密売されますが、薬物依存の状態にある者がまとまった現金を手にして、まず、脳裏に浮かぶのが「これでクスリが買える」という悪魔の囁きであるということをしばしば耳にします。加えて、仕事をすれば、職場での人間関係の煩わしさや顧客からの苦情など様々なストレスに晒されます。不快な感情を抑えることができず、気分を変えるために再び薬物に手を出すことは少なくありません。就職という喜ぶべき好ましい出来事が薬物依存の状態にある者にとっては、かえって再発の危険性（リスク）を高めることにもなり得ます。他の依存症にも同様なことが言え、ここが何とも難しいところです。

　非行のある少年や犯罪をした者が嗜癖（依存症）の状態に陥っているときは、生活再建を視野に入れつつ、嗜癖（依存症）そのものに対する手当てが求められます。手当てとしては、認知行動療法や自助グループが有効とされ、これらを取り入れたプログラムが医療機関のほか、刑務所（**改善指導**）や保

護観察所（**専門的処遇プログラム**）でも実施されています。加えて，薬物依存の状態にある者の民間リハビリ施設である DARC[注15] のほか，NA[注16]，AA[注17] などの自助グループ団体などが嗜癖（依存症）で苦しむ人々を受け入れています。

事例 11

　Kさんは，40歳の男性です。中学生の頃から非行化の兆しが見られ，高校には進学せず，塗装の仕事を始めました。その後，暴走族に加入し，集団暴走とシンナー吸引に明け暮れる状態に陥りました。19歳頃，繁華街で知り合った覚醒剤の密売人に勧められるままに覚醒剤を使用したのを機に依存対象がシンナーから覚醒剤に変わりました。20歳のとき，覚醒剤の使用の容疑で逮捕され，裁判で懲役1年執行猶予3年の言渡しを受け，その後，いったんは，クリーニング店に就職し，結婚して一女の父親にもなり，無事，3年間の執行猶予期間を経過しました。しかし，その直後，週刊誌で覚醒剤に関する記事を目にしたのが引き金となって覚醒剤への渇望が生まれ，密売人から覚醒剤を入手し，再び乱用する日々に陥りました。仕事を辞め，覚醒剤を買い求める生活を続けるうちに多額の借金を抱え，24歳のときに妻と離婚し，自己破産の手続きをします。妻との離婚後，両親のもとに身を寄せる生活になりますが，覚醒剤を止めることができず，34歳のとき，覚せい剤取締法違反の罪により，裁判で懲役2年6カ月執行猶予4年の言渡しを受けました。しかし，執行猶予中に覚醒

注15）<u>D</u>rug <u>A</u>ddiction <u>R</u>ehabilitation <u>C</u>enter の頭文字を取った団体で，自身が薬物依存の状態にあった近藤恒夫が創立した。当事者同士が一つ屋根の下で同じ釜の飯を食うなどして共同生活を送り，毎日のミーティングを通じて，生き辛さや薬物に対する渇望を赤裸々に語り，仲間の力を借りて今日一日薬物を使わない生活を続けている。

注16）<u>N</u>arcotics <u>A</u>nonymous の頭文字を取った薬物依存の状態にある者のための自助グループ。同じ悩みを抱えた当事者同士による回復のための集まりで，全国各地の会場でミーティングを行っている。

注17）<u>A</u>lcoholics <u>A</u>nonymous の頭文字を取ったアルコール依存の状態にある者のための自助グループ。飲酒しない生き方を続けていくための集まりで，全国各地の会場でミーティングを行っている。

剤の使用の容疑で逮捕され，裁判で懲役1年6カ月の言渡しを受け，これに伴い，執行猶予が取り消され，刑務所での服役を余儀なくされました。

　服役した刑務所では，特別改善指導（薬物依存離脱指導）を受け，自らが依存症の状態にあることを理解し，次のときに覚醒剤への渇望が生まれることに気がつきました。

　①1人で退屈しているとき。
　②飲酒して気が大きくなったとき。
　③疲れているとき。
　④苛々しているとき。
　⑤パチンコで勝って多額の現金を手にしたとき。

　これらの事態を避け，覚醒剤への渇望が生まれたときは，覚醒剤を使用した場合の損失を考えつつ，家族や職場の人に連絡を取り，別の楽しいことを想像して頭の中の場面を切り替えるなどの対処方法を用意しました。
　Kさんは，およそ1年間の刑期を残して仮釈放が許可され（①覚醒剤の使用者等との接触禁止「覚せい剤などの規制薬物の使用者や密売人と一切接触しないこと。」，②就労の確保「就職活動を行い，又は仕事をすること。」，③専門的処遇プログラムの受講「薬物再乱用防止プログラムを受けること。」の条件《特別遵守事項》を設定），母親のもとに帰り，保護観察に付されました。毎月2回の頻度で保護司の面接を受け，解体の仕事に従事する傍ら，定期的に保護観察所にも出頭し，特別遵守事項で定められている薬物再乱用防止プログラムを受けました。同プログラムにおいて，渇望が生じるような環境に身を置かないように生活しているかを点検しつつ，渇望が生じたときは，実際，どのように対応したのかを申告させるとともに，簡易薬物検出検査[注18]を実施し，覚醒剤を使用していないことを証明させ続けました。Kさんが保護観察官に対し，その気になれば，覚

注18）覚醒剤を使用していないことを証明し，断薬に向けての努力を励ます意図で実施しているが，尿などの検体から覚醒剤の成分が検出されたときは（陽性反応），警察署に出頭させ，捜査目的の鑑定を受けさせる運用をしている。

醒剤を入手できる実生活の中で，給料日の度に覚醒剤の渇望が生じること
を赤裸々に告白したことを受け，覚せい剤への渇望が高まる給料日は，母
親や職場の同僚らと一緒に過ごすという安全策を実践していきました。加
えて，就労を中心とした堅実な生活が営まれていることを実感するため，
家計簿を付けることを保護司が助言したところ，Ｋさんは，月末になると，
同居する母親に自主的に家計簿を見せて安心させるようになりました。母
親からの信頼も徐々に得られ，覚醒剤を止めることに手応えを感じている
様子が窺われるとともに，期間満了を迎え，保護観察が終わる頃には，こ
のまま覚醒剤を止め続けられるのならば，別れた妻子との復縁も可能にな
るとの希望を語るまでに至りました。

　薬物依存は，アルコール依存と並ぶ物質依存の代表格です。薬物依存の状
態にある覚醒剤の乱用者は少なくなく，そのような場合，まずは，薬物依存
が治療可能な病気でもあることを本人自身に受け入れさせるところから始め
なければなりません。Ｋさんの場合，受刑によって，自らが薬物依存の状態
であると自覚し，出所後は，毎月の保護司による面接はもとより，保護観察
所における専門的処遇プログラムを通じて断薬に向けての動機づけを高める
とともに，覚醒剤を使用しない生き方を模索するようになりました。Ｋさん
に対する治療と援助をより効果的なものにするためには，医療機関が行って
いる SMARPP （スマープ）[注19] やＮＡをはじめとする自助グループへの参
加が望ましいと考え，保護観察官も積極的に働きかけましたが，残念ながら，
Ｋさんが行動に移すまでには至りませんでした。
　Ｋさんは，およそ１年間にわたる仮釈放期間を無事に経過しました。しか
し，薬物依存の状態にある場合は，些細なことがきっかけで，再発する危険

注 19）薬物やアルコール依存の状態にある人たちの回復を支援するための治療プログラム
で，Serigaya Methamphetamine Relapse Prevention Program の頭文字等を取っている。
米国で実施されている依存症治療プログラムである「マトリックス・モデル」を参考にして，
精神科医である松本俊彦らが開発したもので，全国の医療機関で実施されている。全国の
保護観察所で実施されている「薬物再乱用防止プログラム」も SMARPP を基本にしている。

性が高く，予断を許しません。このことを本人のみならず，関係者が理解することが必要であることは言うまでもありません。

事例 12

　Lさんは，64歳の女性です。父親は公務員，母親は専業主婦で，何一つ不自由のない環境で生育しました。地元の商業高校を卒業後，百貨店に就職し，販売員として働くうちに，会社員である男性と知り合い，結婚。これを機に退職し，専業主婦となりますが，長年，子宝に恵まれず，不妊治療の継続に強いストレスを感じ，そのことを仕事で帰宅の遅い夫にも相談できないでいたところ，30歳頃，スーパーマーケットで食品などを万引きするようになりました。きっかけは，レジで精算を済ませた後，買い忘れた食品を思い出し，これを持ったまま，レジを通らずに店外に出てしまったことです。このとき，何か得をしたような気分を感じ，以後，万引きを繰り返すようになり，その都度，ストレスが解消される自分に気づくようになりました。万引きを繰り返しても発覚しない日々が続いていたところ，思いがけず，諦めていた子宝に恵まれ，出産後は，育児に追われ，万引きをしなくなりました。

　しかし，55歳頃，実父が病で倒れ，看病のため，親もとに通うようになると，家事と介護を両立させることに強いストレスを感じ始め，思い出したようにスーパーマーケットで食品等を万引きしては，ストレスを発散するようになります。そのうち，万引きの対象が食品から衣服へと移り，57歳のとき，ついに衣服の万引きが発覚し，検挙され（在宅），裁判で罰金30万円の刑に処せられましたが，その後も万引きを止めることができず，60歳のとき，百貨店で婦人用衣服等を万引きして検挙され，裁判で懲役1年執行猶予3年の言渡しを受けました。逮捕などの身柄拘束を免れたものの，初めて公判を経験し，夫が情状証人として出廷する姿を見て，二度と万引きをしないことを誓いますが，またしても3カ月後に百貨店で婦人用衣服等を万引きして逮捕されてしまいました。裁判で懲役1年6カ月の言渡しを受け，これに伴い，執行猶予も取り消され，刑務所で服役することになりました。

服役した刑務所で一般改善指導（窃盗防止教育）を受け，Lさんは，過去を振り返り，次のことに気づきました。

①お金を使わずに欲しいものが手に入る万引きの魅力に取りつかれ，これが成功したときの達成感やスリル感を楽しんでいたこと。
②万引きが成功すると，緊迫感が一気にほぐれ，気分が楽になっていたこと。
③万引きは，皆やっていることだし，大したことではないと思い込んでいたこと。
④万引きは，うまくやれば，めったに見つからないし，たとえ，見つかったとしても刑務所に行くことはないと思い込んでいたこと。
⑤自分に与えられたことを完璧にしようと無理をして自分を追い詰めてしまう傾向にあること。
⑥いったん，思い詰めると，誰にも相談せず，1人でストレスを溜め込んでしまう傾向にあること。
⑦万引きをしてしまう自分の弱さを認め，強がらず，自分が「万引き」の依存症の状態になっていることを自覚する必要があること。

　その後，およそ6カ月間の刑期を残して仮釈放が許可され（特別遵守事項の設定なし），夫のもとに帰り，保護観察に付されました。
　保護観察官の面接において，今後は，夫に助けを求めてストレスを溜めないようにした上で，「万引き」の衝動が生じる百貨店などに行くときは，夫に付き添ってもらうか，あるいは，あらかじめ買いたいものをメモにして持参し，それ以外のものは買わない習慣を身につけるという生活方針が立てられました。毎月2回の頻度で保護司の面接を受け，家事の傍ら，介護施設で生活する実父を見舞う日々を過ごし，買い物は，毎週1回，夫と一緒に済ませる習慣が定着するとともに，保護司との面接でも，父親の介護のこと，一人暮らしをする娘のこと，自身の健康のことなどを積極的に話し出すようになり，いわゆる「おしゃべり」も板についてきました。
　また，買いたいものをメモにして持参し，1人で買い物に行ってみると

いう方法を保護司に予告した上で実践し，後日，保護司に対し，「必要な
ものだけ買って短時間で済ませた」という報告がなされました。自らの行
いを冷静に見つめる様子が窺われ，無事，期間満了を迎え，保護観察も終
わりました。刑期が終了してから3年を経過しましたが，再び刑務所に
入所したという記録はありません。

　窃盗症（クレプトマニア）[注20] は，深刻な行為依存の1つです。刑法犯で
検挙された女性のうち，犯行態様が窃盗（万引き）であるものが実に55.7%
を占めていますが（令和元年警察庁の統計），女子刑務所の受刑者のおよそ
半数が窃盗犯で，そのうちの相当数の者に窃盗症が疑われます。加えて，こ
れらは，過食と嘔吐を繰り返す摂食障害[注21] を伴っていることも少なくあり
ません。ストレスを解消するために，いわゆる「無茶食い」をしては，体重
が増加することの極端な嫌悪から，トイレで便器に向かって，かがみ込んだ
状態で喉に指を入れ，胃の中にある物を吐き出すという日々を送る傍ら，食
欲を満たす食料品を大量に買い溜めておきたいという衝動に駆られ，万引き
を繰り返すようになる者もいます。

事例13

　25歳の女性であるMさんは，幼少の頃に両親が離婚し，両親とも育児
を放棄する状態であったため，祖父母に育てられました。17歳頃から過
食と嘔吐を繰り返す摂食障害の症状が現れ，高校の退学を余儀なくされて
しまいました。その後，一人暮らしを始め，コンビニエンスストアや居酒
屋の店員として働きますが，過食と嘔吐に費やす食料品の万引きを繰り返

注20）万引きを主とする窃盗を繰り返す病的な状態で，精神疾患の一つに数えられている。
窃盗を行う際の緊張感に加え，これを終えたときの解放感を味わうのが目的で，利益を目
的とする窃盗とは性質を異にする。

注21）神経性やせ症，神経性過食症，特定不能のものに分類される。神経性やせ症は，児童・
思春期から青年期にかけて，女性に多く出現し，摂食制限型と過食・排泄型に分類される
が，自己像や他者評価へのとらわれ，強迫傾向が顕著である。

すようになりました。22歳と24歳のときに窃盗の容疑で検挙され（在宅），いずれも裁判で罰金刑に処せられます。しかし，その後も万引きを止めることができず，25歳のとき，再び窃盗の容疑で検挙され（在宅），裁判で懲役1年執行猶予4年の言渡しを受けました。裁判を控え，祖母の勧めもあって摂食障害の治療のため，精神病院に通い始めるも，摂食障害の症状は改善しないばかりか，Mさんの部屋には，盗んだ食料品が蓄積される状態となり，判決の言渡しから，およそ5カ月後，コンビニエンスストアで食料品を万引きして逮捕されてしまいました。執行猶予中の再犯でしたが，公判において，Mさんは，精神保健福祉士の資格を有する職員らが生活指導に当たる女性専用のグループホームに入所することを誓うとともに，生活全般を根本的に変える環境が整えられたものと認められ，執行猶予が取り消されず，再犯に当たる窃盗の罪について，保護観察付執行猶予（懲役1年・執行猶予4年間）の言渡しを受けました。

　保護観察に付されてからは（特別遵守事項の設定なし），生活保護を受け，女性専用のグループホームに入所した上で，グループホームの職員の指導の下，様々な問題を抱える他の入所者との共同生活を営み，ミーティング等に参加する傍ら，毎月1回の精神病院への通院のほか，毎月2回の頻度で保護司の訪問を受ける日々となりました。グループホームでの共同生活を営むことにより，万引きに至る行為は抑えられ，2年を経過しました。しかし，摂食障害の症状は改善されず，相変わらず，嘔吐を繰り返し，「吐き出すことで嫌なことが消え，気分がすっきりする」と申し述べるなど依然として深刻な状態が続いています。

　Mさんのように，嗜癖（依存症）の根底に障害が絡んでいる例は，珍しくありません。窃盗症（クレプトマニア）と摂食障害の関係ほど明確ではないにしろ，薬物依存症を例にとると，何らかの生き辛さを抱え，うつ病などの精神病に罹患していたり，衝動性が抑えられない注意欠如・多動性障害（ADHD）やコミュニケーションが苦手で独特のこだわりを持つ自閉症スペクトラム障害（ASD）を有していたりする場合も珍しくありません。一方で，

薬物乱用の結果，乱用していないのにもかかわらず，幻覚や妄想などの症状が表出する薬物性の精神障害の状態に至っている者もいます。

事例14

　Nさんは，53歳の男性です。高校中退後，建設業に従事し，結婚もしますが，飲酒に溺れ，3年前から無為徒食の状態になりました。飲酒して酩酊状態になると，粗暴行為に及び，これまでに迷惑防止条例違反，器物損壊，暴行，傷害などで罰金刑や執行猶予の判決を受けることを繰り返す一方で，日常的に妻にも暴力を振るうことから，妻が実家に避難するような状態に陥りました。時折，酒代を求めて妻の実家に押しかけたりするので，警察官が駆けつけることも珍しくありませんでした。そうしたところ，駅前において，飲酒して酩酊状態で2人の少年に絡み，平手で殴るなどの暴行を加えたことで傷害の容疑で逮捕され，裁判で保護観察付執行猶予（懲役2年・執行猶予4年間）の言渡しを受けました。判決後，Nさんは，保護観察所に出頭しますが，酒の匂いが漂う状態でした。保護観察官による面接では，飲酒したことを認め，断酒（「酒を一切飲まないこと。」）の条件（特別遵守事項）のほか，①就労の確保「就職活動をし，又は仕事をすること。」，②アルコール依存症の治療「断酒を継続するため，必要な治療を受けること。」などの努力義務（生活行動指針）が定められました。
　しかし，わすが2日後にコンビニエンスストアで酒類を万引きし，窃盗の容疑で逮捕されました。裁判で罰金40万円の略式命令を受け，釈放されたことに伴い，裁判官から引致状の発付を受けた保護観察官がNさんに対し，引致状を執行し，窃盗に至った事情を聴取しました（質問調書の作成）。その結果，Nさんは，拘置所に留置されることになり，保護観察所長から執行猶予の取消しの申出を受けた検察官が裁判所に対し，執行猶予の取消しの請求を行い，裁判所において執行猶予が取り消される決定がなされました。

　Nさんは，刑の執行が猶予され，社会内で保護観察を受けて更生する機会

を与えられたにもかかわらず，これを生かすことができませんでした。引致状を執行した直後の保護観察官による事情聴取では，「釈放されてから3日後には飲酒するようになりました。500ミリリットルの缶ビールを10本ほど飲むと，記憶がなくなります」と供述する一方で，自らがアルコール依存の状態にあることを頑なに拒否し，治療に向けての動機づけが極めて困難であったこともあって，検察官に対し，執行猶予の取消しの申出をせざるを得なかったという経緯があります。

　飲酒行為自体は，犯罪ではありません。飲酒しただけでは検挙されることはないので，本人が気づかないうちに，アルコールへの依存度が進んでいきます。たとえ，飲酒が原因で様々な問題行動を起こしても，Nさんのように酩酊した状態になると，記憶が不鮮明になる場合は，実感がわかず，「酒で失敗した」と一時的に反省することはあっても，断酒を決意し，これを実行するための具体的な行動をとるまでには大きな壁があるようです。大きな壁を乗り越える契機になるものが裁判や仮釈放の審理と言えますが，Nさんが刑務所における一般改善指導（アルコール依存回復プログラム）を受け，自らがアルコール依存の状態であることを認め，回復のための支援を求めるように変わってくれることに期待するしかありません。Nさんに対する仮釈放の審理においては，アルコール依存から回復に向けての治療的動機づけがどの程度なされているのかが焦点の1つになるでしょう。

第2節　基本的な姿勢

　非行のある少年や犯罪をした者に関わる際，得てして「けしからんことをした悪い奴！」という気持ちが先立ち，これが偏見を生み出してしまうため，見下したり，よそよそしい態度をとったりしがちです。とりわけ，被害者のことを考えると，なおさらと言えましょう。このこと自体は，健全な市民としては，自然な反応なのでしょうが，彼ら彼女らは，こちらの態度に敏感です。目の前にいる人が自分を受け入れてくれないと感じるやいなや，彼ら彼女らは，たちまち心を固く閉ざしてしまう傾向にあります。多感な年頃の思春期の少年だったり，心情が不安定な状態であったりする場合は，感情を露

わにしますが，取り調べや受刑生活を通じて従順な態度をとることに慣れた者は，表面的に従順を装う面従腹背の状態に陥っているだけかもしれません。

　では，非行のある少年や犯罪をした者と接するとき，どのような態度をとるべきなのでしょうか。

1　受け入れる

　まず，気をつけなければならないのは，いわゆる「上から目線」とならないことです。「何やっているんだ！」「違うだろう！」「駄目じゃないか！」と語気を強めて言うと，反発を招いたり，委縮させたりするだけで，その後が続かないことが多いものです。仮に望ましくない態度や状況にあっても，頭ごなしに叱るのは避けた方が無難と言えます。そのようなときは，「どうしたの？」「何があったの？」（What happen ?）と事情を尋ね，気持ちを汲むくらいの余裕を要します。幼子に対してしゃがんで語るように「同じ目の高さで」で対応する懐の深さがないと，彼ら彼女らは，「うざい」と呟き，その場を立ち去ろうとします。キャッチボールで例えると，緩やかな優しいボールを投げてやらないと，彼ら彼女らは，受け止めることができません。非行のある少年や犯罪をした者は，自己有用感が極めて低い状態にあるのが大半で，矢のような速球を受け止める力が備わっていません。自己有用感の高いアスリートであれば，ときには不条理とも言える鬼コーチによる情け容赦のない叱咤激励にも食らいついていくでしょう。しかし，全く正反対の立場にある彼ら彼女らに対しては，親心でしたつもりの叱咤激励が仇となり，彼ら彼女らをして激高させたり，逃避させたりする悲劇的な結末を迎えることがあることにも注意を払わなければなりません。加えて，相手が病んでいるときは，不用意な激励を控え，相手の歩調（ペース）に合わせていく配慮が必要です。

　「仏説無量寿経」という仏教の経典において，穏やかな笑顔と思いやりのある話し方で人を接することの大切さを「和顔愛語」という言葉をもって説いています。江戸時代に近江聖人と称され，今も郷土の人々に大きな影響を与え続けている中江藤樹は，

貌　和やかな顔つきで人と接し

言　思いやりのある言葉で話しかけ

視　澄んだ眼で物事を見つめ

聴　耳を傾けて人の話を聴く

思　真心を込めて相手のことを思う

という「五事を正す」の教えを残しています。

　たとえ，法を犯すような深刻な事態に至ったとしても，語気を強めて，頭ごなしに叱責するのではなく，むしろ，思いやりのある言葉で悲しみを表現し，こちらが落胆していることを伝えるような配慮を要します。

　「受け入れる」という姿勢を問うとき，先人の教えが示唆を与えてくれますが，これを突き詰めると，宗教的境地の入口に差しかかることに気づくことでしょう。とりわけ，被害者のことを思うと，胸を締めつけられるような凶悪重大な事件を起こしてしまった罪深い加害者と相対したとき，どのように接するべきかという哲学的とも言える問いを突きつけられます。そのような問いに対しては，「犯罪行為は，決して許せないが，犯罪行為をしてしまった『あなた』という存在まで否定しない」と自問自答するようにしていますが，果たして当事者の立場に置かれたとき，そのような冷静な態度を保つことができるだろうか，まさに「罪を憎んで人を憎まず」という言葉の重みを実感する瞬間でもあります。

　また，沈黙を恐れるあまり，根堀り葉掘り質問攻めになることも慎まなければなりません。とりわけ，多感な年頃の少年少女には配慮を要します。警戒心と不信感で一杯である彼ら彼女らに対し，最初から，しつこく質問すると，たちまちヘソを曲げられてしまいます。そのようなときは，面接という形態にこだわらず，沈黙が苦にならない共同作業が功を奏するときがあります。保護司の中には，例えば，家庭菜園で採れる果実を一緒に収穫したり，趣味とする手品を披露したりする創意工夫をしている例もあります。事情があって食事を共にし，期せずして**ランチョン効果**[注22) が生まれることも少なくありません。一緒に何かをすることで，親近感が生まれることは多いものです。親近感が生まれたと感じたら，それとなく自らを語り，相手を一人の

人間として認めていることが伝わると，相手も自らを語りやすくなります。これは，**自己開示の返報性**[注23] と呼ばれています。その場合，こちらの言葉遣いも彼ら彼女らが普段使っている表現に合わせることも大切です。例えば，母親のことを「かあちゃん」と呼んでいる少年に対し，丁寧なつもりで少年の母親のことを「お母様は……」と表現をすると，引かれる場合があります。「おかあちゃんは……」と語りかけた方が自然でしょう。相手のしぐさや雰囲気に合わせた話し方をすると，双方の**ミラーニューロン**[注24] が刺激されて共感へと繋がります。

2 褒め励ます

　非行のある少年や犯罪をした者は，当然のことながら，裁きに前後して様々な非難を受けていることが多く，たいていは，自己有用感が低い状態にあります。「どうせ自分なんか……」と卑下していることに加え，世間から非難されることに反発し，「世間は敵！」と敵対心を秘めている場合も少なくありません。自己有用感が低いと，不満が高じた場合に他者に対して攻撃的になるとも言われています。自己有用感を高めるに当たっては，身近にいる重要な他者の存在が大きな影響を及ぼします。家族はもとより，学校の教師や同級生，職場の上司や同僚らが該当するでしょう。しかし，その多くは，関係性が破綻していたり，葛藤を抱えていたりして，関われば関わるほど，かえって自己有用感を下げる結果になることもしばしばです。保護観察に付されている場合は，毎月，定期的に面接を行う保護司が重要な他者となり得ます。関係性が拗れてしまっている家族らに代わって，彼ら彼女らなりの生き方に寄り添い，優れているところや適切な言動を認めた上で，折に触れて褒め励まし，勇気づけ，少しずつ自己有用感を高めさせていくことが期待され

注22) ランチョン（lun-cheon）は，昼食会を意味する英語。食事をしながら，交渉すると，円滑に進行することから，政治家やビジネスマンが活用している。米国の心理学者であるグレゴリー・ラズランが実験によってランチョン効果を証明した。

注23) 自分の経験や考えを相手に開示することで，相手も同じようにお返しをしたいという心理状態になり，相手も自らの経験や考えを伝えてくれるようなるなること。本音を言えば，本音が返ってくることが多いというのが一つの例である。

注24) 他者の意図や行動を理解する手助けになると考えられている神経細胞。

ます。

　活躍している保護司の大半は，惜しみなく褒め言葉を使います。「暑いの
に頑張っているなぁ」，「それは凄いなぁ」，「よく日に焼け，素敵よ」などの
褒め言葉を会話の合間にさりげなく挟み込み，会話を弾ませ，明るいものに
しようと試みます。もちろん，相手によっては，口が重く，心も閉ざしたま
まの場面もあるでしょうが，褒められて不愉快な思いをする人は，ほとんど
いません。

　適当な言葉が見当たらないときは，「すごい！」，「さすが！」，「素晴らし
い！」の３語に頼るようにしています。いずれもローマ字で表記すると，イ
ニシャルは，「Ｓ」なので，この３つの「Ｓ」を思い浮かべながら，口癖に
すると，褒め上手に一歩近づきます。褒め言葉は，善行を生み，能力を伸ば
すとも言われていますが，非行のある少年や犯罪をした者もまた「褒め言葉」
を待っています。

　ここで，私が駆け出しの頃のエピソードを１つ。ある少女との面接の思い
出です。この少女は，家庭裁判所の審判で保護観察に付され，当時，20歳
になろうかという年齢でしたが，長い間，自宅に引きこもる生活が続いてい
ました。事件記録を見ると，もともと中学生までは，生徒会の役員をするよ
うな活発な優等生でしたが，高校進学後，勝ち気な性格が災いしてか両親と
の衝突を繰り返し，家出中に知り合った暴力団員に覚醒剤を打たれ，警察に
逮捕されたという経緯が記されていました。当日，どんな子だろうかと思い
ながら，面接場所に指定した公民館の一室で待っていると，女性の保護司
に連れられて来ました。彼女は，実に礼儀正しく，快活で，しっかりと話し
てくれました。私は，思わず彼女に対して，「あなたのような素敵な女性は，
家にいてはもったいない。社会に出て活躍すべきだ」という趣旨の発言を
したことだけは覚えていますが，しばらくして，ある会合で担当の保護司から
思わぬことを言われました。

　「先生，あの後，彼女，仕事を探し始めたのよ。面接の後，若い男の先生
から褒められたと言って喜んでいましたから。あれが良かったみたい。ずっ
と男性不信でしたからね。」

　その後，保護司からの報告書で彼女が地元で有名な企業の工場に就職した

ことを知りました。半年ほど経ち，就労を中心とした堅実な生活が営まれ，両親もすっかり安心している様子が確認されたことから，保護観察が解除されました。それから１年ほど経過した頃の出来事です。担当した保護司が保護観察所に私を訪ねて来ました。

　「先生，うれしい報告があるんですよ。あの子，結婚しましてね。職場で知り合った男性と。私も披露宴に招待されたんですよ。もっとも母親の友人ということでね」と満面の笑みを浮かべて，披露宴の配席表などを見せてくれました。大学を出たばかりの青二才であった私は，想像をはるかに超えた展開に圧倒されるばかりでした。多感な年頃や不安定な時期は，その一言で生かしも殺しもすると言われていますが，この原体験は，「褒め励ます」ことの重要性はもとより，決して日々の面接や関わりを疎かにできない教訓として私の胸に刻み込まれることになりました。

　繰り返しますが，非行のある少年や犯罪をした者の多くは，「どうせ自分なんか……」と卑下し，心のどこかで劣等感を抱えながらも，これを悟られまいと肩肘を張って背伸びしようとし，周りに対しても，「世間は敵だ！」「大人は信用できない！」などと孤独感や疎外感を露わにする傾向にあります。彼ら彼女らが抱く劣等感を「自分だってできる」という自己有用感に変えつつ，「世間は温かい」「大人は味方かも」と思わせ，孤独感や疎外感を払拭させるために，彼ら彼女らの望ましい行為や態度を１つでも見つけ，褒め励まし続ける配慮が求められます。彼ら彼女らが抱いている負の感覚や感情が克服されてこそ，地域社会の帰属意識が高められ，自分たちが住む地域社会に迷惑をかけまいとする規範意識へと繋がっていくのでしょう。ただし，むやみに褒めると増長しますし，褒められないと動かない関係性に陥りかねません。一般的には，努力していることやその人柄を褒めるようにすべきであると言われています。とはいえ，彼ら彼女に対し，「あなたは，挨拶ができるから，えらいね」と上から目線で言うと，何か小馬鹿にされているような気持ちになる場合もあるようです。そのようなときは，「あなたは，挨拶がきちんとできるから，いつも気持ちがいい。どこに行っても好感度抜群の青年だ」と言うなどして，こちらの喜びの感情を表現しつつ，自信がつくように褒めたいものです。

もっとも，自己有用感が低い彼ら彼女らは，褒められようと自らを装い，相手の顔色を伺い続けるような状態となると，無理して背伸びすることに疲れ果ててしまいます。そうなると，「やっぱり違うな。自分がいる場所はここじゃないな」と思い直し始め，せっかく善意に満ち溢れた環境が得られているのにもかかわらず，そこから逃げ出し，元の劣悪な居場所に戻ることも珍しくありません。適度に弱音が吐け，たとえ褒められなくとも，ありのままの自分を受け入れてくれる関係性が自然に築かれるまでには，ひと山もふた山も越え，一定の期間がかかるように思われます。

3　考えさせる

　非行のある少年や犯罪をした者を見ていると，その多くが「ビリヤードの球」に似ていることに気づかされます。ビリヤードの球は，良い球に当たれば，望ましい方向に転がりますが，悪い球に当たると，思わぬ方向に転がり込み，苦戦します。彼ら彼女らもまた当たる球次第のところがあることは否めません。

　家庭裁判所の審判で保護観察に付された次郎君（仮名，18歳）は，なかなか就職できなかったことから，あるとき，協力雇用主の採用面接を受けることになりました。しかし，約束の時刻になっても，次郎君は，一向に姿を見せません。心配になって，彼の携帯電話に何度も電話をかけるも，全く繋がりません。1週間前に今回の就職活動の話を持ちかけたときは，「よろしくお願いします」と返事が良かったのに，どうしたのだろうと狐につままれたような心境でいました。そうしたところ，後日，次郎君から，採用面接に行かなかった理由を聴く機会を得ました。彼によると，当初は，採用面接に行くつもりではいましたが，その日が近づくにつれ，「合格するのだろうか」とか「期待に応えて働くことができるだろうか」という不安が積もり始め，採用面接の前日になると，とうとう不安な気持ちを抑え切れなくなったそうです。そして，携帯電話で昔の仲間と話すうちに，誘われるままに夜遊びに出かけ，採用面接の当日は，結局，寝過ごしてしまったことを悪びれる様子もなく打ち明けました。次郎君にとって，「採用面接を受ける」と交わした約束は，感覚的には，まだ先の遠い将来のものであって，現実感がなかった

のでしょう。だからこそ，返事も良かったのですが，日が近づくにつれ，現実感が増し，直前で逃げ出す結果となったことが推察されます。次郎君が不安に駆られて電話をした相手が弱気になっている彼を励まし，背中を後押ししてくれる仲間であったら，状況は違っていたかもしれません。非行のある少年や犯罪をした者の多くは，次郎君のように肝心なときに姿を見せず，いわゆる「ドタキャン」の事態に陥ることもしばしばです。関係者に迷惑をかけてお詫びに回らないといけないことも珍しくありません。

　また，こんなこともありました。少年院から仮退院を許可された三郎君（仮名，18歳）は，頼るべき家族がいないことから，更生保護施設[注25] で生活することになりました。しかし，1週間も経たないうちに，所在がわからなくなりました。彼の行方を捜すと，キャバレーに行き，そこのホステスと親密な関係になったことが判明したことから，ホステスの源氏名を手がかりにキャバレーの店長に会って事情を説明し，協力を求めました。すると，翌日，そのホステスから保護観察所に電話がかかって来ました。彼女は，自分が責任を持って面倒を見るから，三郎君を少年院に戻さないでほしいとしきりに訴えました。これを受け，三郎君を連れて保護観察所に来るよう働きかけたところ，1週間後，2人が現れました。双方から事情を聴取し（質問調書作成），転居先を調査した上で，転居の許可の手続きがなされました。以後，保護司による定期的な面接がなされていましたが，次第に保護司は，ホステスから三郎君の愚痴を聞かされる立場となり，とうとう，三郎君は，身を寄せていたホステスのもとを追い出されてしまいました。三郎君のように，いとも簡単に交際相手を見つけ，交際相手のもとに転がり込む事態も珍しくありません。

　非行のある少年や犯罪をした者の半生を振り返ると，ビリヤードで言うところの「悪い球」に当たり，転落するという事態が圧倒的に多いように思います。「運」と「縁」と言ってしまえば，それまでですが，彼ら彼女らが事

注25）少年院や刑務所から出ても，身寄りがなかったり，様々な事情で家族のもとに帰れなかったりする境遇の人たちを宿泊させる施設。更生保護事業法に基づき，法務大臣の認可を受け，大半は，更生保護法人が経営している。国（保護観察所）から一定の期間を委託され，宿泊費や食事費のほか，そこで働く職員の人件費に充てる費用が国費で支弁されている。その数は，全国で103を数える（令和2年4月1日現在）。

に及んで，場当たり的で，利那的な姿勢（Here and Now）をとることによるものです。こうした「ビリヤードの球」の状態から抜け出すためには，後先や周りのことを考え，主体性をもって将来への展望を描けるようにしていかなければなりません。すなわち，「考えさせる」という課題です。

　ここで言うところの「考えさせる」とは，端的には，「こうすると，こうなるよ」という類いの論理的な帰結を自覚させることにほかなりません。「ビリヤードの球」から変身させるためには，ある程度，転がる方向を予見する習慣を身につけさせる必要があります。例えば，「夜遊びをすれば，朝寝坊する」ということくらいは，誰でもわかっていますが，さらに先を読み，「朝寝坊すれば，職場に遅刻する。遅刻すれば，仕事がしづらくなる。仕事がしづらくなれば，仕事に行かなくなる。仕事に行かなくなれば，お金に困る。お金に困れば，悪事を働くようになる」というように，いわゆる「風が吹けば，桶屋が儲かる」方式で，時間軸に沿って具体的に考えさせていくことにも配慮すべきでしょう。「夜遊びはいけませんよ」という忠告だけでは，右耳から左耳に抜けていくに過ぎない場合が多く，忠告すればするほど，思考停止の状態に陥り，「あれだけ忠告したのに，少しも理解していない」と嘆くことになりかねません。自分の胸に手を当てて考えてみると，人から言われて行いを改めた記憶があまりなく，自分の頭で考え，思い立たないと，重い腰を上げるには至らなかったように思います。

　将来に向けての人生設計もしかりです。「仕事を頑張りなさいよ」とか「しっかり勉強しなさいよ」という通り一遍の激励だけでなく，「勉強すれば，仕事ができるようになる。仕事ができるようになれば，仕事が楽しくなる。仕事が楽しくなれば，仕事が続けられる。仕事が続けられれば，資格を取り，重要な仕事を任される。重要な仕事を任されれば，給料も上がり，たくさん稼げるようになれる。たくさん稼げるようになれば，彼女を幸せにできる」といった具合に現実感を持って将来への展望を段階的（スモールステップ）かつ具体的に瞼に描かせることができるようになれば，今を大切に賢く生きられるようになることは，想像に難くないことでしょう。これまで多くの非行のある少年や犯罪をした者との出会いがありましたが，将来への見通しがつき，目標を持つようになると，彼ら彼女らの居場所が明るく健康なものへ

と変わり得るのもまた事実です。

　このように，時間軸で論理的な帰結を連鎖させながら，考えさせていくことに加え，自分の周りに視点を向けさせることも重要です。ここでも，「こうすると，こうなるよ」という類いの論理的な帰結を空間的な広がりの中で自覚させることに努めることになりますが，当然のことながら，空間的な広がりの延長には，被害者の存在があることを忘れさせてはいけません。被害者の視点を取り入れた矯正教育が少年院でなされ，保護観察においても被害者を死亡させるなどの重大な犯罪をした者に対し，**しょく罪指導プログラム**が実施されていますが，重大な被害を与えた場合はもとより，そうでない場合であっても，被害者の立場に立ち，思いを馳せ，罪をあがなう気持ちがなければ，再び過ちを繰り返しかねません。そもそも，周りのことを考えないから，悪事に手を染めるのであって，独り善がりなものの見方や考え方を修正させることができれば，再犯の危険性（リスク）が大幅に低減されることは，容易に想像できます。

　刑務所での改善指導や保護観察における専門的処遇プログラムなどでは，犯罪をした者が有する歪んだ認知に着目し，とりわけ，薬物依存の状態にある者や性犯罪をした者などに対し，これを再構成させようとする働きかけがなされています。一般的に言って，彼ら彼女らの認知の歪みとしては，次のものが挙げられます。

- ばれなければいい。
- ばれたら，謝ればいい。
- これくらいだったら，いいだろう。
- みんな，やっている。
- 楽して儲けるのが一番。
- 世間は敵。
- 自分はワルの世界で生きていくしかない。

　これらは，自動思考と呼ばれるもので，具体的に行動する場面で脳裏に浮かび，行動を思い立ったり，後押ししたりします。「考えさせる」という場

面では，非行のある少年や犯罪をした者に対し，これらの是非を問うのではなく，いずれも再犯に結びつきやすい危険な思考形態であることを自覚させ，他の安全な決まり文句に変えることを促します。例えば，「ばれなければいい」という歪んだ認知に対しては，心の中で「いつかはばれる」という決まり文句（セルフトーク）をぶつけ，悪事を働こうとする心にブレーキを踏ませることが考えられます。「いつかはばれる」という命題が正しいか否かはさておき，「いつかはばれる」と思い込んでいた方が再犯に結びつきにくいということを理解させることが肝要です。

　同様に「みんな，やっている」に対しては，「やっていない人の方が圧倒的に多い」，「楽して儲けるのが一番」に対しては，「苦労して儲けるからこそ，値打ちがある」という決まり文句が考えられます。これらの決まり文句が彼ら彼女らの脳裏に容易に浮かぶよう繰り返し復唱させることが望ましいと言えます。

　ちなみに，NPO法人セカンドチャンス[注26] の理事で，自らも少年院出身者である富岡大悟さんは，自身の過去を振り返り，「非行に走っていたときの自分と今の自分で大きく異なることは，先（未来）のことを考えるようになったこと，ヒト，人生，命，地球について考えるようになったこと，警察に捕まりたくない（刑務所に入りたくない）という思いが強くなったこと，そして，被害者と被害者家族，被害者の周りの人たちのことを考えるようになったことだ」と回顧しています[注27]。

4　教え諭す

　非行のある少年や犯罪をした者の中には，家庭や学校における教育を十分に受けていない場合が多く，しかも，不良交友を通じて入手した誤った情報を真に受けていることもあって，世間のしきたりや常識を丁寧にわかりやす

注26）少年院出院者が経験と希望を分かち合い，仲間として共に成長することを目的として2009年1月に設立された団体。レクリエーションなどの交流会のほか，少年院在院者らに対し，自らの体験を語るメッセージ活動などを行っている。

注27）『更生保護学研究』日本更生保護学会，2015.12 第7号，理事・京都交流会責任者「富岡大悟」「少年院出院者自助団体の活動－NPO法人「セカンドチャンス！」19頁。

く伝えた上で，誤った知識を正すため，「教え諭す」ことが必要な場面もあります。しかし，これは，ある程度の関係性ができていないと，いわゆる「上から目線」に反発し，ありがた迷惑な「お説教」と受け取られるおそれがあるので，注意を払わなければなりません。彼ら彼女らを前にして，親切心から腕組みをして「人の道」を教え諭したとしても，かえってヘソを曲げられ，徒労に終わることでしょう。

　具体的な相談があった場合も，その内容を真摯に受け止めた上で，正しい情報を与えつつ，本人自身で判断させるようにしないと，「言われたとおりやって，うまくいかなかった」と責任が転嫁される事態になることもあり得ますので，これまた注意を要します。「あくまでも本人自身が自らの行動を決める」という**自己決定の原則**は，米国のソーシャルワーカーであるバイステックが提唱した7原則（①個別化の原則，②意図的な感情表現の原則，③統制された情緒関与の原則，④受容の原則，⑤非審判的態度の原則，⑥<u>自己決定の原則</u>，⑦秘密保持の原則）の一つです。とりわけ，未成年の場合は，内容によっては保護者とよく話し合わせる気遣いも必要ですし，金銭に困窮している場合などの支援に当たっては，彼ら彼女らの眠っている財力を引き出させ（自助），これができなかったときは，親族や知人で力になってくれる者がいないかを当たらせ（共助），それでも，功を奏しないときに公的機関が救いの手を差し伸べる（公助）という順番を間違えないことです。安易に公助を優先させると，彼ら彼女らの依存心を助長させ，かえって自立を損なわせることがあります。自助⇒共助⇒公助の順番を間違えないことが大切です。

　そもそも「教え諭す」は，文字どおり「教諭」が教壇の上から生徒に対し，教鞭をとる行為を指しているもので，教え諭す内容に正当性があることが前提です。専門外の領域である場合には，うかつな受け答えは避け，専門機関などに問い合わせる慎重さも求められます。

　また，相手の力量に応じた説諭をしなければ，意味がありません。かつて私が少年院の教官をしていたときの話ですが，就寝前の寮集会の時間に芥川龍之介の『蜘蛛の糸』の一節を取り上げたことがありました。20名の少年に対し，次のとおりの概要を平易な言葉で説明しました。

「お釈迦様が地獄の底の血の池で浮き沈みしているカンダタという罪人を哀れに思い，カンダタが生前に蜘蛛を殺生しなかったという唯一の善行の報いとして地獄の底の血の池に向けて美しい銀色の一本の蜘蛛の糸を下ろしました。これを手にしたカンダタが地獄の底の血の池から脱出すべく，蜘蛛の糸がしがみつき，登って行きました。ある程度，登ったところで下に目をやると，他の罪人が同じようにして登っているではありませんか。このままでは，細い蜘蛛の糸がたくさんの罪人の重みで切れかねません。危機感を抱いたカンダタは，彼に続こうとする他の罪人たちに対し，『こら，罪人ども。この蜘蛛の糸は俺のものだぞ。下りろ。下りろ！』と叫びました。すると，カンダタの真上から蜘蛛の糸が切れ，カンダタは，他の罪人もろとも血の池に舞い落ちてしまいました。」

　集会の後，各自が日誌を提出しますが，多くの少年が集会での講話について触れ，自己中心的な行いの戒めについて的を射た感想を綴っていました。しかし，中には，こんな感想を日誌に記載した少年がいました。

　「今日は，先生から，とてもためになる話を聞きました。これからは，蜘蛛を見つけても，絶対に殺さないようにします。」

　この感想を記した少年は，やや知的に劣っていました。わかっているようで，その実，わかっていない人たちが懲りもせず，同じ失敗を繰り返すことが少なくありませんが，相手の力量に応じた説論をすることの重要性を痛感した次第です。

5　四段変速

　非行のある少年や犯罪をした者の問題行動を是正させるに当たり，取り急ぎ，「教え諭す」という役割を世間から期待されるところですが，当面は控えめにして，まずは，「受け入れる」ところから始めなければなりません。例えば，優秀な生徒が集まる進学校やスポーツの強豪校であれば，その大半の時間を「教え諭す」に費やし，本来の「教諭」の立場を全うできるでしょ

図2　立ち直りに向けての四段変速

う。優秀な生徒は，すでに常に受け入れられ，褒め励まされ，そして，自ら
が進む方向や自らが置かれている状況についても考えているからです。これ
に対し，非行のある少年や犯罪をした者は，その正反対に位置していると言っ
ても過言ではありません。最近の自動車は，オートマチックなので，実感が
伴いませんが，自動車を発車させるときは，「ロー」から「セカンド」，「セ
カンド」から「サード」，そして，「サード」から「トップ」へと変速（ギア
チェンジ）していかなければなりませんし，道路事情によって，ギアを上げ
たり，下げたりしています。非行のある少年や犯罪をした者に対する処遇も
同様と言え，「受け入れる」→「褒め励ます」→「考えさせる」→「教え諭す」
といった具合に四段変速の自動車を乗りこなす感覚での柔軟な対応が求めら
れます（図2参照）。もちろん，個人差はありますが，その多くは，「受け入
れる」→「褒め励ます」の辺りでの関わり，自動車で言うと，「ロー」と「セ
カンド」の辺りの走行に最も時間を費やすことでしょう。停車を繰り返した
り，悪路や上り坂が続いたりする状態から抜け出すことがなかなかできない
からです。期待するあまり，「教え諭す」のトップギアで発車させれば，た
ちまちエンストしてしまい，前進することができなくなることは，想像に難
くありません。
　また，思春期においては，「ありのままでいい」という自己を肯定する安
定感を土台としながらも，さらに高みを見上げ，「まだまだ」という自己を

否定する向上心を喚起させなければ，成長が遂げられませんが，非行のある少年の多くは，いわゆる「オンリーワン」で良しとする自己肯定と「ナンバーワン」を目指す自己否定という二律背反する力学のバランスが大きく崩れてしまっているとも言えます。彼ら彼女らにしてみれば，ありのままでは駄目で，肩肘張って背伸びしようとして，奇抜な頭髪や服装で身を固め，不良交友に興じたり，気分を変えるために規制薬物に手を出したりしているのです。その状態から脱出するとなると，改めて現状の自己を否定せざるを得ないという自己矛盾に直面する結果に陥り，変化することに抵抗を示しがちであることは理解すべきです。これらを踏まえた上で，時間をかけながら，粘り強く働きかけ，ギアを上げていく配慮が求められます。

第3節　面接の効用

　地域社会の様々な活動の中で，非行のある少年や犯罪をした者と挨拶を交わしたり，声をかけたりする場面もあろうかと思われますが，保護観察では，通常，彼ら彼女らの住まいに近い保護司が担当者に指名され，毎月2回の頻度を標準とする定期的な面接を積み重ねているほか，不測の事態が生じたとき，駆けつけるなどして対応し，その内容を保護観察官に報告しています。一方，一定の地域を担当している保護観察官は，保護区と呼ばれる担当区域に居住する保護司からの報告を受け，保護観察対象者の生活が乱れるなどの懸念される状態であるときはもとより，その他必要に応じて介入します。

　保護観察では，非行のある少年や犯罪をした者と継続的に関わり，面接を通じて，彼ら彼女らに対し，いかに良い影響を与えるのかが勝負どころです。

　では，面接の効用を高めるためには，どうすれば良いのでしょうか。

1　面接の場を作る

　通常，面接は座って行います。立って面接する人もいるかもしれませんが，それは，一般的には，いわゆる「立ち話」の類いと言え，意思疎通（コミュニケーション）の1つであっても，面接とは言えません。面接を行うに当たっては，座って会話を行える場所が必要です。保護観察所では，面接室が設置

されていますが，保護司の場合，大半は自宅の一室を面接の場としています。社会生活において面接を行う場合，企業の会議室，公民館をはじめとする公共施設，喫茶店等々が想定されますが，非行のある少年や犯罪をした者に対する面接の場所としては，次の2つの条件が備わっていなければなりません。

① 秘密が守られる空間であること

非行や犯罪の事実に関することはもとより，家族，友人，職場などのことで，誰かに聞かれては困る内容が会話に出ることは，避けられませんので，第三者が立ち入ることができない閉じられた空間で面接を行わなければなりません。さもなければ，彼ら彼女らは，安心して話せませんし，心の奥に閉まっている秘密に当たる事柄を打ち明けることはないでしょう。ときとして，喫茶店に立ち寄る場合もあるかもしれませんが，そのようなときは，差し障りのない会話に留め，名前など固有名詞を口に出さないよう特段の配慮が求められることは言うまでもありません。

② 温かい雰囲気が感じられる空間であること

孤独感や疎外感を抱いている彼ら彼女らは，場の雰囲気に敏感です。自分たちを温かく迎え入れてくれていることが実感できる配慮が求められます。さりげなく，「おもてなし」の心配りがあれば，冷たい留置場を経験したことのある者にとっては，それだけでも心が惹かれることでしょう。

心理学では，**グリフットの実験**というのが有名です。被験者を高温多湿の部屋と適温の部屋に人為的に分けて，同じ人物の評価をさせたところ，適温の部屋で評価をさせた方が好意的であったとの結果が出されました。このことは，できる限り，快適な環境で面接を行う重要性を指摘する根拠となり得るものです。室内の気温はもとより，椅子の坐り心地，壁面の色彩，テーブルの形態などの配慮をすべきでしょう。とりわけ，荒んだ気持ちの真っただ中にいる彼ら彼女らをして温かく迎え入れられていると感じさせることは，とても重要です。相手を大事に思う真心が反映される面接の場でありたいものです。

面接の場において，もう1つ，配慮しなければならないのは，座席の位置

関係です。一対一で行う面接の場合，対面で向き合って着席するのが通例でしょうが，初対面など緊張度が高いときは，正面で向き合う位置関係をあえて避け，Ｌ字型または斜向かいに着席すると，互いの視線が気にならず，少し緊張感が和らぎます。また，相手が興奮していたり，落ち込んでいたりするときは，横並びで坐ると，宥めたり，励ましたりしやすくなります。ただし，横並びであると，馴れ馴れしく感じたり，くつろぎ過ぎたりする場合もあるので，重要な話をするときは，対面で向き合うべきでしょう。

　面接の場を作るに当たり，日時の設定が前提となりますが，あらかじめ大まかな所要時間を決めておく必要があります。いつ終わるのかわからない面接は，面接を受ける側にとっては，苦痛となります。面接の内容にもよりますが，定期的な面接の場合，１時間程度が標準と言われています。加えて，日時の設定も明確にしておくべきでしょう。「いつでもいいから来なさい」と曖昧な案内をしたところ，夜中の０時に玄関のチャイムが鳴り，「こんな時間になんだ」と思いつつ，玄関ドアを開けると，そこに何ら悪びれる様子もなく，保護観察対象者が立っていたという経験談を保護司から聞いたことがあります。非行のある少年や犯罪をした者の中には，昼夜が逆転した生活を送るなどして時間の感覚が「世間の常識」とかけ離れている場合も珍しくないので，その点で注意を要します。

2　話を引き出す

　こちらが一方的に話すだけでは，面接とは言えません。とはいえ，実際，非行のある少年や犯罪をした者の大半は，最初のうちは，口が重く，心にも蓋が閉まっています。微に入り細を穿つ取り調べを経て，厳粛な裁きを受けた身ですので，触れられたくないことで一杯である事情を察しましょう。とりわけ，保護観察における面接は，これを受けることが法律で義務づけられているものなので，自ら好んで面接を受けている者は，希少と言っても過言ではありません。横を向いてしまっている彼ら彼女らをこちらに向かせて，その口を開かせるのは，至難の業のように思えるときもありますが，挫折しそうになる気持ちを鼓舞しながら，回数を重ねていくうちに，会話が弾み始めていることに気づくこともしばしばです。

面接の際には，非行や犯罪という事実に目を奪われ，再び過ちを犯させないようにと原因を追及し，会話の内容もまた過去志向となりがちですが，心中，触られたくないことで一杯である彼ら彼女らには，話題を選ぶ配慮を要します。あれこれ詮索するのではなく，彼ら彼女らが言葉にするのに抵抗の少ない話題，できれば，得意になって話したくなるもの，例えば，暴走族に所属していた少年であれば，

保護司：どんなバイクを乗り回していたの？

少　年：三段シートとロケットカウルを付けて……，爆音マフラーに改造したホンダホークⅢ。

保護司：へえー。三段シート，ロケットカウル……，初めて聞くけど，それって，どんなの？　おじさんに教えてくれるかい？

少　年：まじ知らんの！　三段シートというのはこれ……（スマホの画像を見せる）

保護司：暴走しているときは，どんな気分やったの？

少　年：気分が良かった。すごいことをしていると思ってた。

保護司：それで，どうなったの？

少　年：警察に逮捕されて鑑別（少年鑑別所）に入った。もう，懲りた。

といったように展開していきます。

　ここで，重要なのは，「自分は知らないから，教えてくれる？」という姿勢です。カウンセリングでは，「ノットノーイング・アプローチ」（Not knowing approach）と呼ばれていますが，「上から目線」にならないで質問するには，この姿勢が大切です。一つ一つの受け答えで，大きく頷き，「あら」「まあ」「なるほど」「そうか」「それで……」と相槌を打つと，得意になって語ってくれるものです。頷きと相槌は，相手の話を促進させる上では，とても大切です。ある女子高校生から聞いた話ですが，女子力を高める「さ・し・す・せ・そ」というテクニックあるそうです。「さ」は「さすが」,「し」は「知らなかった」，「す」は「すごい」，「せ」は「センスいいね」，「そ」は「そうなんだ」の頭文字を表し，まとめて「さ・し・す・せ・そ」。これを男子学

生との会話で相槌として散りばめれば，男子学生は，得意になって話してくれ，自分に対する好感度が上がるとのことです。

　また，英国の宰相だったディズレイリは，「他人と話をするときは，その人のことを話題にしなさい。そうすれば，その人は，何時間であろうとも，こちらの話を聞いてくれるだろう」という名言を残しています。

　ところで，より詳細な応答を引き出すためには，5W1H（When？，Where？，Who？，What？，Why？，How？）の疑問詞を意識して，「いつ，どこで，誰が，何を，どうして，どんなふうに」と問いかけることに心がけると良いとされています。ただし，この中で，避けるべき疑問符が1つだけあります。それは，「Why？」です。論理的に展開する議論の場ではない日常生活で「なぜ？」「どうして？」と尋ねられても，明確に答えられない場合が多い上に，これを連発されると，何か追及されたり，責められたりしている気がしてしまうからです。詳細な技法は，「傾聴」についての専門書に譲りますが，「Why？」を「How？」または「What？」に置き換えるように意識して問いかけるようにします。例えば，せっかくハローワークで仕事を紹介してもらって，希望の職種に就いたのに，1週間後，辞めてしまった人に対して，その理由を訊きたいときには，「どうして1週間で仕事を辞めたの？」ではなく，「どのような事情があって1週間で仕事を辞めたの？」または「1週間で仕事を辞めたの。何があったの？」と質問するように心がけます。脳裏に浮かんだ「Why？」という疑問詞を「How？」又は「What？」に変換して言葉を発する習慣にして，うっかりして，「なぜ？」「どうして？」と口にしてしまったときは，直ちに「どのような事情があって？」「何があって？」と言い換え，答えやすい問いかけに配慮するのが望ましいでしょう。

　非行のある少年や犯罪をした者の多くは，強い劣等感や疎外感を抱いているため，正論を振りかざして，「なぜ？」「どうして？」と論理的に問い詰めると，追及されていると受け止めかねず，情緒的に反発するおそれがあるので，避けるべきです。彼ら彼女らの話を同じ目線に立って傾聴し，心の底から「あなたのことを理解したい」という気持ちで接するうちに，聞き手は，彼ら彼女らにとって，「やばい」存在になり得ます。「やばい」とは，ある意味，褒め言葉で，「自分のことをわかってくれている。見抜かれている。ご

まかせない」と彼ら彼女らをして思わせている状態です。無条件に彼ら彼女らを肯定している態度と言えるでしょう。「少ししか自分のことをわかってくれていない」と思わせている限りでは、「うざい」存在に過ぎません。最初は、誰でも「うざい」存在なのでしょうが、彼ら彼女らを理解していく過程で、ごまかしが利かない「やばい」存在へと変わっていきます。ちなみに、「この人には話が通じない。別世界の人だ」と思われてしまうと、「きもい」と言われて毛嫌いされてしまいます。

　5W1Hの疑問詞を駆使して話を引き出すうちに、身勝手な言い分はもとより、倫理や規範から逸脱し、とても賛同しかねる意見や考えを主張する場面にも直面します。そのような場合、直ちに「それは違う」と否定したくなりますが、彼ら彼女らと議論しても、意見の対立に終わるだけのことが多く、否定から入ることは、極力、避けるべきでしょう。彼ら彼女らの主張の是非を真正面から問うのではなく、そう主張する気持ちを汲みつつ、いったんは、「感情」として受け止めた上で、意見や考えに賛同せず、認知の歪みや矛盾に気づかせるべく、問いかけ続けるしかありません。認知行動療法の専門家によると、認知は、そう簡単に変わるものではなく、認知を変えさせるためには、手を変え、品を変え、じわりじわりと攻め、偏った認知を少しずつ柔らかくほぐしていくしかないとのことですので、一定程度の粘り強さとしたたかさが求められます。とりわけ、再犯に繋がる危険な意見や考えであれば、「その結果、どうなるのか？」と問いかけを未来形にして、その危険性を自覚させるとともに、過去を踏まえつつも、「これから、どうなりたいのか」という希望や目標の種まきをしつつ、将来のことを考えさせるように仕向けなければなりません。「そんなふうに考えると、こんなことをしてしまって、それは危ないな」と態度を軟化させることができたら、「その代わり、どんなふうにしたらいいと思う？」と一緒に考えるようにしたいものです。

　なお、「あいつを八つ裂きにしたる」とか「死にたい」といった類いの乱暴な発言に対しては、「どうしたの？」「何があったの？」という事情を聴きつつ、気持ちを汲み、その根底にある「怒り」や「悲しみ」の感情にのみ焦点を当てて共感的な理解を示し、言葉で発散させて具体的な行動に至ることを何としても阻止しなければなりません。

3 鏡になる

　定期的な面接が軌道に乗り，日々の暮らしぶりを丁寧に問いかけていくと，答える側も自らの生活実態を自覚できるようになります。「遅刻も欠勤もなく，仕事を続けている」とか「仕事が終わったら，寄り道をせず，自宅で家族と一緒に食卓を囲んでいる」という芳しいものもあれば，「このところ，夜遊びを続け，朝寝坊することが多くなった」とか「交際を禁じられている不良仲間からメールが届き，返信してしまった」という懸念されるものもあります。そのため，彼ら彼女らの暮らしぶりがあたかも鏡に映し出されるように，的を射た質問をするなどして，その返答を傾聴することが重要と言えます。確かに日常生活において，日頃の暮らしぶりを意識することは，ほとんどありません。誰かに尋ねられ，答えるうちに気づかされるものです。1年に1回の健康診断で，医師から問診を受け，「最近，寝不足だな」とか「お酒を控えなければ」などと自覚させられますが，保護観察においては，毎月2回，すなわち，2週間に1回の頻度を標準として，面接による生活状況の申告を義務づけています。保護司から質問され，答えることで，自らの暮らしぶりはもとより，気持ちや考えなどが自覚され，「ここは，まずいな」と気づかされれば，綻びのうちに修繕させる好機となり得ます。

　労働災害の分野では，**ハインリッヒの法則**が知られています。これは，1件の重大事故の背景には，29件のかすり傷程度の軽い事故が発生し，さらに，その背景には，300件の「ひやりとした体験」があるという労働災害の発生確率を法則化したもので（図3参照），「ひやりとした体験」を放置することなく，重大事故につながる予兆ととらえ，その要因を見つけ出して適切な対策を取れば，重大事故を未然に防ぐことができるという示唆に富む理論です。非行のある少年や犯罪をした者との関わりにおいても同様なことが言えるのではないでしょうか。生活の乱れを放置しておくと，不良交友や深夜はいかいなどの問題行動が発生し，さらに，これが重大な再犯に結びつくことがありますので，綻びのうちに修繕させるきめ細かな対応が求められます。

　一方，鏡に映し出される光景は，未来形の時制となる場合もあります。面接における問いかけによって，「こうなりたい」という願いや望みというものに気づかせ，自らの未来像（Vision）を瞼に描かせることもできます。生

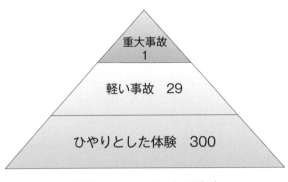

図３　ハインンリッヒの法則

　活を再建させなければならない彼ら彼女らにとって，将来への具体的な見通しをつけさせることの重要性は，改めて指摘するまでもないことでしょう。アメリカの啓蒙家であるデール・カーネギーは，その著書『人を動かす』で，「人は，他人から言われたことには従いたくないが，自分で思いついたことは喜んで従います。だから，人を動かすには命令をしてはいけません。自分で思いつかせればいいのです」と叙述しています。とはいえ，将来の展望を具体的に描いていない者にとって，未来形の質問には答えにくいもので，「いや，わかりません」と口をつぐんでしまいがちです。そのようなときは，「将来，結婚して子どもが生まれたとして……」といった具合に仮定の話題を提供した上で，「例えば，どんなところに住みたい？」と想像を膨らませるようにするのも１つの手です。「例えば……」という枕詞は，有効です。

　面接を行う側には，面接を受ける側の日頃の暮らしぶりはもとより，気持ちや願い，さらには，未来像まで映し出す「鏡」となることが期待されています。加えて，非行のある少年や犯罪をした者の場合は，一定の枠組みとなる評価基準を明示させておくことが必要です。保護観察において，それは，**遵守事項**[注28] または **生活行動指針**[注29] に該当します。禁じられている具体的な行動などを明確に線引きし，映し出されている光景が一線を越えているか否かを自己評価させ，犯罪性を封じ込める配慮をしなければなりません。野球のピッチングでいうところのストライクゾーンを明示し，ストライクと

ボールの判断を彼ら彼女らにさせ，その作業を地道に積み重ねることで，行為規範などが徐々に内面化されていくことが期待されます。一例を挙げましょう。

保護司：よく日に焼けているね。仕事がんばっているんだって。いい顔になったよ。

少　年：一応，まあ……。このところ天気が良くて……。

保護司：家に帰るのは何時くらいになるの？

少　年：仕事は午後6時に終わるけど，その後，職場の先輩と一緒に飯食って。今，カラオケとゲーセンにはまっていて……。

保護司：今，カラオケとゲーセンにはまっているんだ。どこにあるの？

少　年：○○駅前の××ビル。

保護司：あそこか。おじさんも行ったことがあるよ。一晩中やっているね。カラオケやゲームをしているときは，どんな気持ち？

少　年：めちゃ楽しい。嫌なことが忘れられる。

保護司：そうだよね。おじさんもパチンコにはまっていたことがあるけど，あっという間に時間が経っちゃうね。

少　年：ウケる。

保護司：家に帰るのは，何時になる？

少　年：夜中の1時になるときもある。

保護司：夜中の1時か。1週間に何回くらい？

少　年：仕事のあるとき。平日はいつも。

注28）保護観察に付されている者は，健全な生活態度を保持する義務，保護観察官及び保護司の指導監督を誠実に受け，面接に応じるとともに，生活状況の申告に加え，それを裏付ける資料を提示する義務，住居の届出と居住すべき住居に居住する義務，転居又は7日以上の旅行の許可を事前に受ける義務などの「一般遵守事項」（更生保護法第50条）はもとより，彼ら彼女らの問題性に応じて個別に設定される「特別遵守事項」（同法第51条）が定められているときは，これらを遵守しなければならない。

注29）保護観察に付されている者は，努力目標又は注意事項である「生活行動指針」（更生保護法第56条）が定められているときは，これに即した生活又は行動をするよう努めなければならない。

保護司：どのようにして帰ってくるの？

少　年：歩いて。

保護司：歩いてか。そう言えば，遵守事項に『深夜はいかいをしないこと。』
　　　　というのがあったね。

少　年：やばい。補導されるかも。

保護司：毎日，いくらぐらい使うの？

少　年：3,000 円ぐらいかな。

保護司：3,000 円ぐらいか。おじさんも，パチンコにはまっていたときは，
　　　　ずいぶん無駄遣いをしていたから，えらそうに言えないけれど，そう言え
　　　　ば，生活行動指針に『金銭管理に努め，計画的に支出すること。』という
　　　　のがあったよね。

少　年：うん。

保護司：一生懸命働いているのだから，しっかり貯めようよ。

少　年：確かに。お金を稼いでも，無駄遣いをしちゃ意味ないね。

　このように，今までやれていることを確認させ，現状を維持している努力
を労いつつ，良い変化があれば，素直に喜び，将来への期待を膨らませます。
その結果，保護司による定期的な面接がなくとも，問題行動を封じ込めるだ
けの行為規範が内面化されるなどし，社会の善良な一員としての堅実な生活
が営まれていれば，保護観察では，解除などの良好措置がとられます。そう
なると，保護観察を自分の力で卒業したことになります。

4　変化を促す（その1：サンドイッチ方式＆Ｉメッセージ）

　定期的な面接を行う場合，面接と面接の間の日常生活において，良い変化
が起こるか，または少なくとも悪い変化が食い止められることが期待されて
います。その一方で，面接を行う側が傾聴に努め，ここで言うところの「鏡」
になることだけでは，功を奏しない状況もあります。とりわけ，保護観察の
場合，面接を受けるのが義務づけられていることもあって，内心は，「嫌々，
渋々」といった心情を抱えていることが多く，義務感はあっても，最初から
積極的に面接を受けて自ら変わろうとする内発的な動機づけまで高められて

いる者は，残念ながら，少ないと言わざるを得ません。そもそも，非行のある少年や犯罪をした者の多くは，周囲が気を揉んでいる割には，肝心の本人がさほど悩んでいないこともあって，変化への動機づけが乏しい傾向にあります。「別に。今のままでいい」とか「なんで自分だけ」という発言を耳にして，返す言葉に詰まることもしばしばです。そのようなときは，耳の痛い苦言を呈さなければなりません。一般的には，「叱る」という表現になるのでしょうが，非行のある少年や犯罪をした者の多くは，非難され続けてきていることもあって，いわゆる「叱られ上手」ではありません。通常ならば，発奮するところなのに，ふてくされてしまうこともあって，叱ることに腰が引けてしまいがちです。親子関係では，叱りを伴わない関わりは，「溺愛」とか「過保護」とも呼ばれ，子どもに欲望の抑制を教えないと言われていますが，少年院に収容されて，「本気で叱ってほしかった」としみじみと語る少年が多いのも頷けます。

　彼ら彼女らは，「叱られ上手」でないので，見え透いた嘘をついたり，屁理屈としか思えない勝手な言い訳に終始することもありますが，ここは問い詰めるのを避け，些細な嘘であれば，見逃してあえて言い訳にお付き合いするという懐の深い対応も求められます。とはいえ，煮え切らない態度や開き直りとも言える発言に業を煮やす場面に至ってしまうと，こちらも感情の発散である「怒る」という行為のスイッチが入ってしまいがちとなるので，そうなる前に筋道を立てて問いかけ，変化を促すための戦術を用意して置かなければなりません。

　育児書やコーチングの図書[注30]において，「褒める」→「叱る」→「褒める」の**「サンドイッチ方式」**が紹介されていますが，まずは，できているところを評価し，次いで，できていないところを指摘し，最後に，「君なら，できるはずだ」と励ますという面接構造を活用すべきであると考えます。例えば，夜遊びをしているうちに，金遣いが荒くなり，遊興費を手に入れるために，深夜に仲間と一緒に恐喝事件を起こしたことで検挙され，保護観察処分となった少年がいたとします。母親から，「このところ，毎日，帰宅時刻

注30）　明橋大二『子育てハッピーアドバイス』1万年堂出版，2005年，104〜107頁。
加藤良昭『ほめ方・叱り方のコーチング』PHP研究所，2005年，120〜121頁。

が深夜となり，ついに警察に補導された」という情報提供を受け，いよいよ，本人に近況を尋ねる場面となりました。

保護司：前回の面接は，2週間前だったね。覚えている。

少　年：あんまり，覚えてない。

保護司：雨の日だったね。濡れながらも，頑張って来たよね。

少　年：まあ。濡れたし，すげぇ寒かった。

保護司：寒かったね。風邪引かなかったかい？

少　年：大丈夫。

保護司：それは，良かった。少し心配したよ。寒かったもんね。2週間と比べて，今，どうかな。頑張っているところは，どこかな？

少　年：仕事は続けているよ。この間，給料をもらった。

保護司：いくらもらったの？

少　年：20万円。

保護司：それはすごい。20万円はどうしたの？

少　年：半分は自分の小遣いで，残りは親に渡して借金の返済などしているよ。

保護司：ずいぶん被害弁償で親御さんも苦労したもんな。毎月，きちんと返しているんだね。被害弁償が終わったら，貯金に回せるね。

少　年：うん。

保護司：最近，失敗しちゃったことはないかな？

少　年：……（無言）

保護司：胸張って言えないもんな。補導されちゃったことはね。どんな事情があったの？

少　年：職場の先輩にカラオケに誘われて，気がついたら，日付が変わっていて。店の前で話していたら，警察官が来て，いろいろ聞かれた。

保護司：お酒は飲んだの？

少　年：ちょっと。

保護司：ちょっとって，どれくらい？　補導されたときは，気分が悪そうだったみたいだけど。

少　年：いや，結構飲んだ。

保護司：カラオケボックスには，どれくらいの割合で行っているの？

少　年：たまに。

保護司：たまにって，どのくらい？　このところ，毎日，帰るのが深夜になっ
　　　ているとお母さんから聞いたよ。

少　年：仕事があるときは，だいたい，いつも。

保護司：結構，お金を使っているね。親御さんに渡せているの？

少　年：今月は渡していない。でも，先月までは，ちゃんと渡していた。

保護司：そうか。ところで，毎日，誘ってくる職場の先輩というのは，誰な
　　　の？

少　年：職場の先輩じゃない。

保護司：もしかして，○○君と××君かい。

少　年：うん。

保護司：ちょっと……いい？　共犯者と縁を切ると約束したよね。<u>正直言っ
　　　て，おじさん，落ち込むよ。君がそんな状態だと心配でね，床に就いてす
　　　ぐに寝付けないよ。君が真面目にやってくれれば，保護観察所に提出する
　　　書類を書くのが楽しくなるけど，そうじゃないと，辛いなあ。</u>

少　年：すみません。

保護司：今の君にとって，昔の仲間と夜遊びするのがいかに危険かというこ
　　　とは，わかっているよね。<u>おじさんは，君を少年院には絶対に行かせたく
　　　ないんだよ。</u>共犯者と夜遊びをして深夜はいかいで補導されたというのは，
　　　遵守事項に違反することだから，保護観察所に報告しなければならない
　　　んだけれど，今から言うことを約束できるかな。当分，仕事が終わったら，
　　　寄り道せず，帰宅して，家族と一緒に夕食を食べること。お母さんにも頼
　　　んでおくから。

少　年：少年院には絶対に行きたくない。

保護司：君なら，しっかりできるはずだ。おじさんは，君のことを間違いな
　　　く世の中で活躍する若者だと期待しているし，信じているよ。もう一度，
　　　気を引き締めてやろうよ。

少　年：はい。

ここで，留意すべきことは，苦言の呈し方です。苦言を呈するとき，その内容が深刻であればあるほど，相手の行為や態度に焦点を当て，非難がましくなってしまうものです。「お前，てめえ」といった具合に「You」を主語にした否定的な表現が中心となり，共犯者と交際の上，飲酒し，補導されたという事実に対しても，例示の下線の箇所は，得てして，「君は約束を守らなかったね。保護観察中だろう。自覚がなさ過ぎる」とか「共犯者と一緒に行動して警察の御厄介になるというのは，反省していない証拠じゃないか」と発言しがちです。しかし，相手の行動や態度が受容できないときは，相手「You」を主語にするのではなく，自分「I」を主語にして，相手の行動や態度の影響を非難がましくなく申し伝え，自分の感情を率直に表現する「Iメッセージ」が有効であると言われています。例えば，門限を破った娘に対し，「今，何時だと思っているんだ。今まで何やっていたんだ」と小言を言うのではなく，「無事に帰って来て良かった。お父さん，ずっと心配で，晩酌もできなかったよ」と「Iメッセージ」で発せられると，「ごめんなさい」と謝罪の言葉とともに，行動の改善が得られやすいでしょう。

　苦言を呈した後は，励まして締めくくるのが重要です。米国の大統領であったオバマは，「Yes, We can！」で，一世を風靡しましたが，私たちは，「Yes, You can！」（「あなただったら，できる！」）というメッセージを投げかけ，彼ら彼女らの立ち直りに向けての意欲を喚起すべきでしょう。

　なお，「軽率な行動だったね。油断したね。次は慎重にやってみよう」と**行動を叱り**，その一方で，「あなたは次の世代を担う大切な人材だ」と**存在を褒める**のが常道と言われています。

5　変化を促す
（その2：サンドイッチ方式＆スケーリング・クエスチョン）

　変化が治療の初期に起こるとして短期間のうちに効果的な治療を行おうとするブリーフセラピー（解決志向アプローチ）[注31]において，「**スケーリング・クエスチョン**」という技法があります。これは，具体的な尺度（物差し）を用いて，実情についてのイメージを明確にさせ，課題とか方向性を見出させようとするものです。例えば，1兆円と聞くと，莫大な金額であるという

ことはわかりますが，これがどれくらいすごい金額なのかを想像することは，案外，難しいものです。そこで，「1兆円を1万円札の札束にして一列に積み上げたとしたら，どれくらいの高さになるでしょうか」と問いかけてみましょう。まともに答えられる人がいないことに気づくでしょう。正解は，何と1万メートル。世界の最高峰であるエベレストよりも高くなってしまうのです。こうして目に見えるようにして表現すると，「すごい！」という実感が沸きます。これは，高さという目に見える尺度（物差し：スケール）を使った一例です。

　この技法を先ほどの「サンドイッチ方式」の面接に加えてみたら，どのようになるでしょうか。

保護司：前回の面接は，確か2週間前だったね。覚えている？

少　年：あんまり，覚えてない。

保護司：雨の日だったね。濡れながらも，頑張って来たよね。

少　年：まあ。濡れたし，すげぇ寒かった。

保護司：寒かったね。風邪引かなかったかい？

少　年：大丈夫。

保護司：それは，良かった。少し心配したよ。寒かったもんね。2週間と比べて，今，どうかな。遵守事項を思い出してごらん。どんな遵守事項があったのかな？

少　年：仕事をする。夜遊びをしない。それと，面接を受ける。

保護司：そうだね。もう一度，確認しようか。君には，「共犯者と交際しない。」という約束があったね。それと，生活行動指針になるけれど，「無駄遣いせず，計画的に支出すること。」というものもあったね。思い出した？

少　年：はい。

保護司：じゃ，君の遵守事項と生活行動指針を採点基準にして，10点満点

注31）問題を引き起こす原因を究明せず，未来（解決）に焦点を当て，小さな変化に期待感を抱かせて行動させることで，結果的に大きな変化に発展することを想定する治療方法。変化が治療の初期に起こり，効果的な治療は，短期間であるとしてブリーフセラピー（短期療法）と称している。

で自己採点するとしたら，何点くらい付けられるかな？

少　年：4点。

保護司：4点ね。じゃ4点を付けられるところは，どこかな？

少　年：仕事は続けているし，この間，給料をもらった。

保護司：いくらもらったの？

少　年：20万円。

保護司：それはすごい。ほかにできているところは？

少　年：毎月，10万円を親に渡して，親が払ってくれた被害弁償の分を返している。

保護司：毎月，きちんと返しているんだね。被害弁償が終わったら，貯金に回せるね。ほかには？

少　年：ちゃんと，面接を受けている。

保護司：確かに。そうだね。ほかには？

少　年：それくらい。

保護司：そうなの。できているところはわかったけど，じゃ，どうすれば，10点満点をつけられるのかな？

少　年：この間，カラオケボックスの前で警察官に補導されちゃった。夜遊びをしないようにする。

保護司：そうだね。深夜はいかいで補導されちゃったね。

少　年：これからは，夜遊びをしないようにする。

保護司：ほかには，どうすればいい？

少　年：共犯者とは付き合わないようにする。

保護司：ということは，共犯者と一緒だったの？

少　年：うん。○○と××と一緒。

保護司：ほかには？

少　年：お酒を飲まないようにする。

保護司：お酒飲んじゃったの？

少　年：カラオケボックスでお酒飲んで，店の前で騒いでいたら，警察官が来た。

保護司：ほかには？

少　年：カラオケボックスに行くようになってから，金遣いが荒くなった。
　　　　だから，仕事が終わったら，寄り道しないようにする。家でごはんを食べる。

保護司：そうだね。夕食を家族と一緒にするようにするといいね。そうすれ
　　　　ば，10点満点がつけられそうだね。10点満点の状態が続くと，どうなる
　　　　と思う？

少　年：ほごかん（保護観察）が終わる。

保護司：そうだね。保護観察を卒業できるね。明日から仕事が終わったら，
　　　　まっすぐ家に帰って，家族と食卓を囲むようにしようよ。お母さんにも頼
　　　　んでおくから。

少　年：はい。

保護司：君なら，しっかりできるはずだ。おじさんは，君のことを間違いな
　　　　く世の中で活躍する若者だと期待しているし，信じているよ。もう一度，
　　　　気を引き締めてやろうよ。

少　年：はい。

　保護観察の場合，遵守事項や生活行動指針という評価基準を思い起こさせ，
尺度（物差し；スケール）として活用させると，自らの暮らしぶりを客観的
に振り返ることができます。一喜一憂せず，淡々と近況を語らせ，何が良く
て（プラス），何が悪いのか（マイナス）を明確にさせます。その上で，今
の状態を続けると，どのようになるのかという論理的な結末を想像させるこ
とも忘れてはなりません。非行のある少年や犯罪をした者の場合，一定の枠
組みとなる評価基準を明示させておくことが必要ですので，スケーリング・
クエスションを取り入れたサンドイッチ方式の面接は，現状と改善事項につ
いて，尺度を使って目に見えるようにして差し示し，改めて動機づけをしよ
うとするものです。

6　変化を促す（その3：例外を見つける質問）

　「人は，追い込まれないと，変わらない」と言われます。例えば，禁煙が
難しいのは，たばこを止める努力よりも，たばこを止めなくて良い理由を見
つける方がはるかに楽だからです。「たばこを吸っている人が肺がんになる

とは限らない。たばこを吸っていない人も肺がんになっている」とか「もう30年も吸っているのだから，今さら止めても仕方がない」という理由をつけては，家族の心配や医師の進言をよそに禁煙に向けての具体的な行動を起こさない例は，身近にもあるでしょう。しかし，そのような人でも，生死を彷徨う大病を経験すると，禁煙を真剣に考え，禁煙外来のクリニックで治療を受けるなどして禁煙に向けて動くようになるのですから，「人は，追い込まれないと，変わらない」という命題は，一定程度，説得力があります。非行のある少年や犯罪をした者も例外ではなく，このままでは，少年院や刑務所などの塀の中での生活を余儀なくされるという危機感を抱くときこそ，変化を促すべく，全面的に介入する好機です。残念ながら，再犯を起こし，中には，身柄を拘束されてしまっている場合もありますが，そのようなときであっても，匙を投げることなく，事情が許す限り，介入すべきです。

　妻に粗暴な振る舞いをしてしまう夫がいました。いわゆるドメスティック・バイオレンスの加害者です。真面目な性格で，職場での評判も悪くはないのですが，ストレスが溜まると，妻に当たり散らすことを繰り返しているうちに，あるとき，妻を殴打し，頭の骨を折る大怪我を負わせ，傷害の容疑で逮捕されました。裁判では，反省の態度が顕著である上に，妻もまた再び暴力を振るわないことを条件として結婚生活を続ける意思が認められるなどの情状が酌量され，保護観察付執行猶予の言渡しを受けました。にもかかわらず，夫は，再び妻に対し，粗暴な言動を働くようになり，離婚が目前に迫っていました。このようなときは，どのような面接をすべきでしょうか。傾聴に努め，鏡になったとしても，すでに危機的な状況に直面しているわけですし，ここで変化しなければ，離婚が避けられない切羽詰まった状態なのですから，本人の話を傾聴するだけでは，この危機を乗り越えることができないでしょう。本人に対し，粗暴な言動をしないための具体的な変化に向けての動機づけを行う戦術を用意しておかなければなりません。

　一つ参考になるのがブリーフセラピー（解決志向アプローチ）の**「例外を見つける質問」**という技法です。日常茶飯事の出来事であっても，つぶさに見つめると，いつもはそうであったのに，そうならなかった例外があることに気づかされます。例えば，立ち飲みのバーでワンドリンクを飲み下してか

ら自宅に帰るのを日課としている人が寄り道をすることなく，自宅に帰った日に何があったのかを尋ねてみると，茶の間で家族と一緒に見たいテレビドラマがあったということがありました。例外のない日常はありません。例外を見つけ，そこに解決策のヒントが隠れているのではないかと期待して問いかけるのが「例外を見つける質問」です。立ち飲みのバーでワンドリンクを飲み干してから自宅に帰る日課を改めさせる解決策としては，茶の間で家族と一緒に見たいテレビドラマを探すことなど，帰宅後，家族と一緒に取り組む何かを見つけさせることが考えられるでしょう。

　保護観察に付されてからも，妻に対して再び粗暴な言動を働くようになり，離婚が現実的になっている夫に対し，「例外を見つける質問」を試みてみました。

保護観察官：奥さんに対して粗暴な振る舞いをせずに過ごした日があるんじゃないですか？

　夫　　：確かに。いつも怒鳴っているわけではないですからね。

保護観察官：そんなふうに平穏に過ごした日というのは，どんな日でした？

　夫　　：ああ。妻が風邪で寝込んで介抱したときは，優しく接したと思います。

保護観察官：ほかには？

　夫　　：それと，一度，友だちに誘われて，登山をしたときがありました。槍ヶ岳を目指して山小屋で泊まったのですが，岩場で怖がる妻の手を引いて……。下山するまで3日ほどかかったのですが，妻とは，わりかし，いい関係でした。

保護観察官：ほかには？

　夫　　：そう言えば，川原でバーベキューをしたときも，妻との関係は良かったように思います。

保護観察官：奥さんを看病しているとき。それと，アウトドア。これらの体験に何か解決の糸口があるかもしれないですね。

　夫　　：妻を助けることを見つけて，やってみるのがいいのかも。試しにやってみます。

保護観察官：そうですね。次回，その結果を教えてください。

これを機に，夫は，家事を手伝ったり，旅行に連れて行ったりして，妻に対し，献身的に振る舞う機会を作ることに努めました。その後，妻からは，「最近，どういう訳か夫が急に優しくなった」という報告を受けるようになりました。ただし，夫の夫婦関係に対する考え方の根底には，「妻たるものは夫に尽くすもの」という価値観が横たわり，それに支えられて，仕事に精を出す傍ら，自分の思い通りにならない妻に対し，腹を立てるという内面的な力動関係が変わるまでに至っていません。今後も予断を許さない状態が続くことが想定されます。だからこそ，当分の間，妻に対して献身的に振る舞う行動を意図的にすることで，「妻たるものは夫に尽くすもの」という価値観が次第に解（ほぐ）れていくことが期待されます。行動を変えることによって，認知を揺さぶろうとする行動療法的なアプローチにも繋がります。

　「例外を見つける質問」という技法は，問題を解決する方法が潜在していることに気づかせ，変化を促そうとするものです。深夜はいかいや夜遊びが頻繁となっている少年，短期間のうちに仕事を辞めてしまう者，不良仲間からの誘いに乗ってしまう者などにも活用できます。

7　変化を促す（その4：問題行動の直面化）

　犯罪性が進んでいる者ほど，追い込まれたとき，ごまかしたり，とぼけたりすることに長けています。言い分を聞きつつも，言いなりにならないためには，こちらも相応の覚悟と準備を要します。そもそも，誰でも不都合なことは言いたくないものです。問題行動についての情報を入手したとしても，それについて十分な裏付けも取らず，彼ら彼女らと面接すれば，おそらくは，言い逃れを許してしまうことになるでしょう。言い逃れは，すなわち，嘘をつくことになります。いったん，嘘をつくと，引っ込みがつかなくなり，嘘に嘘を重ねるようになってしまいます。そうなると，彼ら彼女らとの信頼関係がたちまち瓦解してしまいます。彼ら彼女らをして容易に嘘をつかせないようにするためにも，あらかじめ証拠となる資料を収集しておかなければなりません。

　保護観察の場合，重大な遵守事項違反の疑いが生じた場合，これを裏づける資料を集めることをします。例えば，家庭内暴力の事案であれば，家族の

証言を書面にした調書が必要ですし，校内暴力の事案では，学校長からの報告書等の提出を求めることもあります。このほか，いわゆる警察沙汰になっているときは，事件の内容や補導状況を照会し，その回答を得るなどします。こうして言い逃れを許さない動かぬ証拠を手に入れてから，彼ら彼女らと面接します。重大な遵守事項違反の多くは，非行事実や犯罪事実と重なり，保護観察対象者が勾留されたり，観護措置をとられたりして身柄を拘束され，警察官らの手に委ねられる場合もありますが，そうでない場合は，速やかに彼ら彼女らを呼び出すなどして面接の機会を作ります。面接においては，非難がましくない態度で質問しつつ，勝手な言い分であっても，耳を傾け，遵守事項違反の事実を認める供述を得た上で，その心情を謳わせ，これを調書というかたちで書面にします。このとき，彼ら彼女らをして，「確かに遵守事項を守ってないし，これで刑務所（少年院）に入ることになっても仕方がないな。でも，もし，もう一度，チャンスがもらえるのなら，今度こそ，遵守事項を守って，しっかりやり直そう」という心境にさせることが肝要です。平たく言えば，「落とせるかどうか」が問われます。

　調書の作成は，彼ら彼女らの揺れ動く心情を受け止めながら，改めて客観的な事実を知らしめ，観念させる場でもあります。調書は，全文を読み聞かせた後，面前で彼ら彼女らに署名・捺印をさせなければなりませんが，調書の全文を読み聞かせるうちに，穏やかな表情になっていけば，観念している証です。観念させることは，大袈裟な言い方をすると，煩悩を払拭し，成仏させることにも喩えられ，読み聞かせは，さしずめ，「お経」のようです。たとえ，その結果，少年院や刑務所などの塀の中に入れられる措置をとられることになったとしても，「今度，出てくるときは，しっかりとやり直そう」という心境にさせるよう努めます。

　遵守事項違反を問責した結果，保護観察を継続する場合は，彼ら彼女らに対し，遵守事項違反の状態を解消させるに当たっての努力を促し，自力では十分でないときは，住居や就職先の確保など，しかるべき救いの手を施すなどして，その背中を後押しする動きに転じます。

　非行のある少年や犯罪をした者の場合，面接での証言を書面にした上で，その場で署名・捺印させるという調書の作成は，経験上，望ましくない行動

を抑止したり，緩んだ気持ちを引き締め直して更生の意欲を喚起させたりするには，一定の効果はあると言えます。理由の１つは，彼ら彼女らが警察や検察での取り調べを幾度となく受けていることもあって，調書の作成を要しない面接では，事の重大さを自覚せず，心理規制にならない場合があるのではないかと考えられることです。いわゆる警察沙汰になるようなことをしても，列火の如く感情を露にして叱責することがないと，反社会的な文化に染まり，不条理な人間関係の中で手荒な仕打ちをされることに慣れている彼ら彼女らにとっては，こちらとして厳粛な態度で説論したつもりであっても，さほど危機感を抱かず，「保護観察所に呼ばれたけど，担当の人は別に怒っていなかったよ」という言葉が漏れ聞かれることもしばしばです。理由のもう１つは，自らの行いはもとより，心情や境遇などについて，時間をかけて詳細に供述し，その内容が書面になることで視覚化され，冷静に自らが置かれた状況を見つめ直すことができると考えられることです。

　平たく言えば，調書の作成は，彼ら彼女らの問題行動の「**見える化**」と言っても差し支えないでしょう。しかも，自らが署名・捺印するのですから，自らが主人公となった物語の共同作品として少なくとも記憶に刻み込まれるので，少なくとも，「保護観察所に呼ばれたけど，担当の人は別に怒っていなかったよ」という感想を抱かせることは避けられます。見方によっては，質問の項目が整理され，しかも手元に十分な資料を用意しているのですから，**半構造化された面接**とも言えます。ただし，書面にすること自体を処分（ペナルティ）として位置付け，話を十分に聴かないうちに，一方的に説論し，脅すようにして，いわゆる「一筆」取らせるのは，反発を招くだけで，効果がないと言わざるを得ません。大事なのは，彼ら彼女らの行く末を案じ，身勝手で荒唐無稽な言い分であっても，辛抱強く耳を傾け，時間をかけて真実に向き合わせるという誠実で揺るぎない姿勢です。

8　変化を促す（その５：コラージュ療法）

　当たり前のことですが，面接では言葉を交わします。しかし，問いかけに黙り込んでしまい，言葉によるキャッチボールが成り立たない場面も珍しくありません。沈黙に耐えられずに問いかけ続けると，相手を追い詰めてしま

うことになりかねませんし，こちらばかりが話をしていると，相手が一方的に聞き役に回り，ますます言葉を発しにくくなります。無理に話をさせるのではなく，静かに寄り添い，話したければ，いつでも聴く用意がある状態にしておくのが望ましいのですが，そのような場合に**コラージュ療法**の活用が考えられます。

　コラージュ（collage）は，フランス語で，「糊で貼る」という意味があります。もともとは，20世紀初頭に生まれた美術の表現方法ですが，1970年頃から心理的な効果が着目され，現在では，心理療法の1つとして位置づけられています。実施方法は，極めて簡便で，あらかじめ，台紙（四つ切または八つ切の画用紙），はさみ，スティック糊，古雑誌等を用意した上で，自分の気に入った写真（イラスト）などを自由に切り抜いて台紙の上に好きなように置いて，糊づけして作品を作ります（所要時間は，30分から1時間くらいが適当とされています）。完成したら，作品を眺めながら，感想を交わしますが，解釈的なことを言う必要はありません。あくまでも内的な世界を表現し，内に秘められている感情を発散させるとともに，これを素材にして言語化させる作業を行うものです。

　不良仲間と行動を共にし，家庭に寄りつかない状態を続けていた夏子さん（仮名）は，16歳のとき，窃盗事件を起こし，家庭裁判所の審判で保護観察に付されました。保護観察になってからも，厳格な父親とできの良い兄の存在に反発し，夜遊びが常態化していたことから，夏子さんと母親を保護観察所に呼び出しました。夏子さんは，その前日も無断外泊をしたようで，保護観察所で母親と会う状態であったため，面接室でも双方とも顔を合わせようとしませんでした。そこで，別々に事情を聴取し，これを調書にした上で，門限を決め，夏子さんに厳守することを誓約させ，1週間後に面接の日時を設定し，以後，毎月2回の頻度で母親の同伴を得て保護観察所に呼び出すことにしました。1週間後，案の定，2人は別々に姿を現しました。面接室に入っても，気を遣う母親を尻目に夏子さんは，爪をいじりながら，俯いたままでした。これでは面接になりませんので，部屋を変え，あらかじめ用意していた台紙（四つ切の画用紙），はさみ，スティック糊，古雑誌や新聞のチラシ等を机に置き，コラージュ療法を試みました。夏子さんと母親のほか，他の

図4　夏子さんのコラージュ作品1

　保護観察官にも応援を頼み，雰囲気を和らげてグループで作業を開始しました。当初，夏子さんは，手を止めて傍観しているだけでしたが，15分も経つと，釣られて古雑誌を切り抜き始めました。完成したコラージュ作品を見せ合う場面では，作品を手で覆い隠していましたが，促されると，恥ずかしそうに手を払いのけ，浴衣姿の女性の写真を貼りつけた作品（図4参照）を見せてくれました。この作品について問うと，「もうすぐ夏祭りがあるので，浴衣がほしい」と答え，これを受けて「お母さんに相談してみたら？」と振ると，ここで初めて母親が「そうね」と口を開き，親子の沈黙が破られるに至りました。

　2週間後，夏子さんと母親は，一緒に現れました。驚いたことに2人とも表情が明るく，何か良い変化があったことを予感させました。面接室に入るなり，夏子さんに対し，「もしかして浴衣を買ってもらったの？」と問うと，彼女は，首を横に振り，「これ，買ってもらった」と鮮やかなピンク色のバッグを机の上に置き，自慢するように見せてくれました。彼女によると，このバッグがずっと欲しかったとのことでした。母親からは，前回の面接後，帰宅途中に百貨店に立ち寄ったところ，夏子さんにバッグが載っているチラシ広告を見せられ，浴衣でなく，これを買い与えたとの報告がありました。しかも，その広告は，コラージュ作品を作る際，新聞のチラシの束から夏子さんが抜き取ったものでした。これを機に母子関係が好転し，夏子さんは，門

図5　夏子さんのコラージュ作品2

限を守り続けていることも判明しました。

　波に乗った夏子さんは，この日もコラージュ療法を受け，さらに1カ月後，4回目の作品で，大きな金色のハイヒールの写真を真ん中にしてその周囲を色とりどりの液体が入った四角い小瓶の写真を貼り巡らせるという作品（図5参照）を完成させました。作業終了後の面接で，色とりどりの液体が入った四角い小瓶に注目し，「これは何？」と問うと，「マニキュア」と答えました。これを受け，母親を交えて話が弾み，夏子さんは，ネイルアートに関心があることが見て取れました。その後，ネイルアートの専門学校に通うことを親子で話し合い，親の承諾が得られたものの，なかなか最初の一歩が踏み出せないでいました。引き続き，定期的な面接を積み重ねつつ，カルチャースクールの情報提供をしたり，ネイルアートの講座の見学会に連れて行ったりなどして動機づけを地道に行ったところ，この作品を完成させてから半年後にネイルアートの専門学校に入学しました。その後，生活態度が顕著に改善されたことから，保護観察が解除されました。

　夏子さんのように，コラージュ作品を作り上げることは，自らの内面が表現されるため，感情を発散したり，自分のやりたいことを意識したりするのに役立つ場合があります。言語が中心となる面接の補助手段としてコラージュ療法を活用するのは，1つの例ですが，**エゴグラムテスト**[注32]を行い，

図6 家族画の例

自らの自我状態を理解させ，足りないところを伸ばす努力を実践させるのも有効です。また，**家族画**[注33]（図6参照）の作成は，家族のことを話題にする契機となります。

　なお，保護司の場合，民間人としての特性を生かし，趣味であるバルーンアート（風船細工）で場を和ませたり，家庭菜園に立ち合わせて収穫した果実などを持たせるなどして心を開かせ，会話の糸口をつかむ努力がなされています。ちなみに，フランス語のブリコラージュ（bricollage）は，あり合わせの材料や道具を用いて自分の手で物を作ること，すなわち日曜大工を意味し，文化人類学者であるレビィ＝ストロースが先住民の野生の思考と文明人の科学的な思考との対比の中で，人類が古くから持っていた知のあり方として紹介しています。専門家ではない保護司が自らの人生経験を土台として保護観察対象者を自宅に招いて行う面接は，あらかじめ設計されたものではなく，その手作り感満載の関わりは，まさにブリコラージュを彷彿させます。

注32）カナダの精神科医であるエリック・バーンの提唱する交流分析を基にジョン・M・デュセイが考案した性格診断法。エゴグラムは，人の心（自我状態）を5つに分類し，各々の心的エネルギーの高さをグラフ化したものである。
注33）自分の家族と何かしているところを描かせ，家族内の人間関係を読み解く描画テストの1つ。

9 変化を促す（その6：ポジティブ・イエス・セット）

　自らが変わらないといけないという意識が芽生えるも，なかなか最初の一歩が踏み出せない場面が多くあります。そのようなとき，「**ポジティブ・イエス・セット**」を使ってみるのも一つの手です。ポジティブ・イエス・セットは，平たく言えば，「イエス」，すなわち「はい」と答えやすい質問を連続することで相手を乗せていくという技法です。

　例えば，職場にお近づきになりたい異性の同僚がいるとします。手始めに食事に誘おうと思いますが，唐突に「一緒に食事に行きませんか」と声をかけても，うまくいくとは限りません。ここで，「ポジティブ・イエス・セット」を使ってみると，次のような展開が期待できます。

自分：社内食堂もいいけど，たまには違うところで食事をしたくありませんか？

同僚：はい，そうですね。

自分：ちなみに，どんな料理がお好きですか？　フランス料理なんていかがですか？

同僚：ええ，大好きです。

自分：せっかく，東京に住んでいるのですから，有名なフレンチレストランにでも行ってみたいですね？

同僚：そうですね。

自分：ちょうど，良かった。ここに割引券があるんだけど，行ってみたいと思いませんか？

同僚：はい，行ってみたいですね。

自分：今週末にでも，いかがですか？

同僚：はい，いいですね。

　この技法を使うと使わないとでは，食事に誘える確率が違ってくることは，容易に想像できることでしょう。ポジティブ・イエス・セットは，次のステージに上げるための階段（ステップ）の役割を担うものと言えます。一段ずつステップアップするうちに，気づいたら，ゴールに到達していたという具合

いに段取り良く展開させたいものです。

　保護観察においても，保護観察対象者を「その気にさせる」「乗せていく」という場面は多いので，「ポジティブ・イエス・セット」は有効です。例えば，就職したいという気持ちはあるのに，なかなかハローワークに行きたがらない保護観察対象者がいるとします。この技法を活用してみたら，どのようになるでしょうか。

保 護 観 察 官：まだ就職先が決まっていませんか？

保護観察対象者：はい。

保 護 観 察 官：一口に就職と言っても，そう簡単なことではないですね？

保護観察対象者：ええまあ。

保 護 観 察 官：ハローワークに行っても，混んでいるし。パソコンの前に座って検索しても，ぴったりのところがなくて。あまり行く気にならないですよね。あなたもそうですか？

保護観察対象者：はい，そうなんです。私も何回も行きました。結局，見つからず，行く気がしません。

保 護 観 察 官：何回も足を運んだのに，うまくいかなかったんですね？

保護観察対象者：はい。

保 護 観 察 官：ところでね，保護観察所からハローワークにお願いすると，専門の窓口があって個室で相談に乗ってくれるんですよ。

保護観察対象者：え，そうなんですか。

保 護 観 察 官：しかも，予約制で，待たなくていいんですよ。まるで，VIP待遇ですね。

保護観察対象者：はい，そうですね。

保 護 観 察 官：これって，いいと思いませんか？

保護観察対象者：はい，いいですね。

保 護 観 察 官：一度，検討してみましょうか？

保護観察対象者：はい，お願いします。

　このようにして，相手の気持ちを汲みながらも，「はい」と答えやすい問

いかけをしていくことで自己決定を促すことが期待できます。

10　素朴な愛情

　保護観察に付されている者にとっては，面接を受けることが義務となって
いるので，当初は，仕方なく面接を受けている状態と言えるでしょう。とり
わけ，多感な時期でもある少年の場合，ほとんど口を開かず，こちらが一方
的に話さざるを得ない事態となることも珍しくはありません。相手が口を開
かないことに悲観してしまうと，気まずい関係が固着してしまうので，その
場合は，思い切って，面接のハードルを下げ，面接のため，足を運んだとい
う事実だけでも喜ぶようにすべきです。そもそも，悪事を働き，身柄を拘束
されてしまっては，面接に来れないし，大けがをして寝込んでいれば，面接
どころではないでしょう。顔を見せてくれるだけで，「良かった。無事で」
と受け止め，それを表現するのが精一杯という場合もあります。まずは，安
否確認からです。実際，連絡が取れず，どこで，どんな生活をしているのか
把握できなくなる事態に陥ったり，警察沙汰を起こし，逮捕されたりする事
案も少なくありません。自らの気持ちや悩みをしかるべき人に聴いてほしく
て通い続ける一般的なカウンセリングと違い，非行のある少年や犯罪をした
者に対する面接は，定期的な安否確認と割り切り，会話がなくとも，彼ら彼
女らが目の前にいることに安堵するくらいの大らかさがないと，面接が破綻
しかねません。何はさて置き，面接を受けるため，足を運んできたことを労
いつつ，こうして無事でいられることを率直に喜びましょう。

　これまで他者に対し，自分の気持ちなどを素直に言葉にすることができな
かった彼ら彼女らにとって，時間をかけながら，意思疎通を図る練習をさせ
ているぐらいに大らかに受け止めつつ，彼ら彼女らが「今月も無事で良かっ
た」という素朴な愛情を注ぐことが相手の存在を無条件に肯定する態度に繋
がり，保護観察官や保護司という地位や役割を超えた一人の人間としての関
係性が構築されると言えるでしょう。信頼関係は，作るものではなく，損得
勘定を度外視し，素朴に関わることで，できるもの，生まれるものであるこ
とを実感する瞬間です。ある保護観察官が執筆した保護司会の機関紙に掲載
された記事[注34]の一部を紹介します。

「保護観察官になって間もない頃，保護司の先生から，いつまでも忘れられない少女の話について聞かせていただいたことがありました。本人は，少年院から仮退院になった後，両親のもとに帰って３人で生活し，無事，保護観察を終えました。保護観察の最終日は，本人の 20 歳の誕生日の前日でした。保護司は，本人の家に向かう道端に咲いていた野花を摘んで，最後の面接で本人に渡したそうです。咲いていた花がきれいだったので，これまで保護観察を一生懸命頑張ったねぎらいと 20 歳の誕生日のお祝いとして，ささやかながらプレゼントをしようと思われたようです。すると，本人は，『こんなに気持ちのこもったうれしいプレゼントをもらったのは初めて』と大泣きし，とても喜びました。それを見た両親は，『これまで，欲しいものを何でも買ってあげることが娘のためだと思っていた。娘を思う気持ちを伝えることが何よりも大切だということがわかった』とおっしゃって，家族３人で抱き合ったそうです。保護司は，道の角を曲がって見えなくなるまで見送ってくれた家族３人の晴れ晴れとした顔を忘れられないとおっしゃっていました。」

　このような心温まる劇的なラストシーンを迎えられたとしたら，それは，とても幸運と言えます。個人差はありますが，大半は，様々な多くの不安や障壁を抱えながらも，気がつくと，非行や犯罪が食い止められている状態が続いていることをもって良しとして保護観察から巣立って行きます。

11　広い視野と大らかな心

　非行のある少年や犯罪をした者と関わるとき，覚悟しておかなければならないのは，裏切られるおそれがあるということです。疑うことよりも信じることを優先させなければ，彼ら彼女らに対し，良い影響を及ぼすことができないだけに，熱意があればあるほど，裏切られたときの衝撃は大きく，意志が挫かれるものです。そのようなときは，彼ら彼女らを対象として切り離し，

注 34)『ほごし』第 59 号「犯罪や非行を防止し，立ち直りを支える地域のチカラ」（大津保護観察所保護観察官・向井優太）（発行日・平成 30 年 7 月 1 日）（発行所・長浜保護区保護司会伊香地区会）。

冷静な眼差しで見つめ直し，「何がそうさせるのか」と疑問形で思いを巡らすと，自らの知的好奇心に火がつき始めます。知的好奇心に火がつけば，彼ら彼女らを理解しようとする知的な旅へと向かうことができ，気分が晴れるとともに，見立てと手当てが正確になる契機となります。

また，不安定な時期は，疾風怒濤の悪天候と束の間の晴天を繰り返すような状況が続きます。例えば，少女の場合，「彼氏ができた」という報告があって，「良かったね」と喜びを表現したのも束の間，1カ月も経たないうちに，「妊娠した」と打ち明けられ，その後，親子で「産むの。産まないの」と言い争いの場に立ち会うことも珍しくありません。

このように，状況は，刻々と変化するので，早合点は禁物です。一喜一憂するのではなく，長期戦になると腹を決めて揺るぎない不動心をもって関わらなければなりません。長期戦となれば，人手を要します。千手観音のように救いの手を差し伸べる人が多ければ，多いほど，心強いものです。関わる者が1人で抱え込むのではなく，複数で対応したり，1つの機関だけでなく，多くの機関が連携できる体制を整備したりすることも求められます。

ところで，米国の心理学者であるランバートは，心理療法における成功要因として次のものを挙げました。

- **治療外の要因**（「就職できた」とか「恋人ができた」というような幸運な出来事，クライエントの能力，クライエントを取り巻く環境の変化など）
- **関係性の要因**（共感, 受容, 励ましなどクライエントとセラピストの関係）
- **期待・希望の要因**（クライエントが心理療法に抱く期待感，プラセボ効果[注35]）
- **治療技術の要因**

その上で，おのおのの要因の占める割合は，治療外の要因が40％，関係性の要因が30％，期待・希望の要因と治療技術の要因が15％ずつであるとの

注35）プラセボとは偽薬を意味し，効き目のある成分が入っていないのにもかかわらず，その薬を服用した患者自身が効き目があると思い込むことで，病気の症状が改善することがある。これをプラセボ効果と呼んでいる。

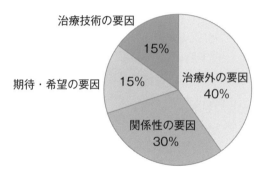

図7　心理療法における成功要因

検証結果を導き出しています（図7参照）注36)。

　この検証結果に鑑みると，策に溺れるのではなく，関係性を尊重しながらも，希望を抱かせ続け，腹を決めて，諦めずに機が熟すのを待つという大らかな姿勢も求められます。

　「人の一生は重荷を負うて遠き道を行くがごとし。急ぐべからず」とは，徳川家康の遺訓です。まさに悪事に手を染めるのが時間の問題というような緊迫した状態を除き，「ならぬ堪忍，するが堪忍」という諺に従うべきときもあります。

第4節　立ち直りの舞台づくり

　非行のある少年や犯罪をした者の立ち直りの陰には，必ずと言っていいほど，見捨てることなく，素朴な愛情を注いでくれる存在が見え隠れします。家族に限らず，雇主，知人などの名もなき支援者が現れ，さりげなく救いの手を差し伸べる地域社会であればこそ，彼ら彼女らが明るく健康な居場所を見つけ，一定の時間をかけながらも，非行や犯罪と縁のない人生を築いていくことができるのでしょう。

注 36) Lambert, M.（1992）Psychotherapy Outcome Research: Implications for Integrative and Eclectic Therapists. In Handbook of Psychotherapy Integration,（Eds）Goldfried, M. & Norcross, J., Basic Books, pp. 94-129.

学校，職場（協力雇用主）
病院，ダルク
更生保護施設
自立準備ホーム

福祉事務所，保健所
児童相談所，警察署
公共職業安定所
女性相談センター

保護観察対象者　　　　　　　保護司

地域社会　　　　　　　　保護観察官

図8　立ち直りの舞台

　保護観察の場合，保護観察対象者と同一地域に居住している保護司が双方の自宅等で定期的な面接を積み重ねながら，彼ら彼女らの立ち直りに向けて粘り強く地道に働きかけています。これに対し，保護観察所に常駐する保護観察官は，保護司から発せられる情報を得て，その都度，広い視野で見立てた上で，自ら面接するほか，所与の行政権限を駆使し，警察署，社会福祉事務所，保健所，病院，学校などの関係機関と連携していきます。言うなれば，保護観察対象者を主人公とした立ち直りの舞台を整える立場になります。舞台裏または舞台袖にさりげなく立ち，名脇役として活躍が期待される保護司に加えて，どのような登場人物を登場させるべきか，筋書きのないドラマを作り続けています（図8参照）。できれば，ハッピーエンドで閉幕できるように，少なくとも悲劇で幕を下ろさざるを得ない舞台とならぬようにと気を揉んでいますが，結末は，悲喜こもごもです。

　とりわけ，主人公は，「非行少年」または「犯罪者」のラベル[注37]を貼られ，

白い眼で見られ，心ない偏見に晒されたり，様々な誘惑に駆られたりすることを覚悟しておかなければなりません。過去を変えることはできないので，一度，貼られたラベルを剥すことは無理です。しかし，保護司でもある大野正博さん（朝日大学法学部教授）が啓発しているように「非行少年」または「犯罪者」というラベルの上に新たなラベルを貼り直すことはできます[注38]。ラベルの大半は，職業ということになるのでしょうが，中には伝統行事の祭礼の「若衆頭」として知られている元非行少年もいます。

　教育の現場では，「この子は，能力が高いので，伸びるはず」と期待する教師の熱い眼差しは，それに応えようとする生徒の成績を結果的に伸ばすという**ピグマリオン効果**[注39]が知られています。非行のある少年や犯罪をした者の立ち直りにおいても同様です。彼ら彼女らが支援者との関わりを通じて，その支援者の期待の眼差しを背に受け，前向きに変わっていく例は，少なくありません。

1　協力雇用主による支援

　17歳の四郎君（仮名）は，勤め先の同僚らにいじめられ，その腹いせに職場のロッカーに火をつけて損傷させた器物損壊の容疑で逮捕され，少年鑑別所に収容された後，家庭裁判所の審判で保護観察に付されました。やや知

注37）レッテル（オランダ語）とも言う。とりわけ，悪いイメージのラベルを米国の社会学者であるゴッフマンは，スティグマ（烙印）と呼んだ。

注38）再犯防止推進セミナー（主催：岐阜県，令和元年7月30日，OKBふれあい会館）における講演。

注39）1964年，米国の教育心理学者であるローゼンタールらがサンフランシスコの小学校で，児童に対し，学習能力を予測するテストを行い，学習成績が伸びるであろう児童の氏名を記載した名簿を担任教諭に渡した。1年後，名簿に記載されていた児童の学業成績は確かに伸びていたが，名簿に記載されていた児童の氏名は，テストの結果と関係なく，無作為に抽出されたものであった。この実験結果を受けて，ローゼンタールは，担任教諭の児童に対する期待の込められた眼差しなどが成績向上の大きな要因となったとの報告をまとめ，その後，教師の期待によって児童や生徒の成績が向上することが「ピグマリオン効果」と呼ばれるようになった。ピグマリオンは，ギリシャ神話に出てくるキプロス王の名前である。彫刻の得意なピグマリオン王が象牙で乙女像を完成させたところ，これに恋い焦がれるようになり，それを知った神によって，乙女像が本物の人間になったという逸話にちなんで，「ピグマリオン効果」という名がついた。

的に劣り，気の弱い性格の四郎君は，就職しても，職場に定着せず，転職を繰り返していた経緯を踏まえ，保護観察官が**協力雇用主**[注40)]を紹介し，介護施設で清掃作業に従事することになりました。協力雇用主において，四郎君が孤独感を抱くことがないように他の従業員に協力を求めたこともあって，四郎君は，毎月の保護司による面接において，「仕事が楽しい」と発言するまでに至りました。次第に四郎君の表情も明るくなり，この変化を一番喜んだのは，彼の両親でした。四郎君の行く末を思い，悲嘆にくれた時期を凌ぎ，今や毎月の給料を両親に手渡すまでに立ち直ったのですから，当然です。就労を中心とする堅実な生活が1年ほど営まれ，四郎君のみならず，彼の両親からも喜びと感謝の言葉が保護司にも届けられるようになったことから，保護観察が解除されました。

　四郎君は，これまで何をやっても間に合わない駄目な少年という目で見られ，気の荒い職場の同僚らに蔑まれてきましたが，協力雇用主のもとでは，従順で優しい性格が評価され，ニックネームで呼ばれるなど愛される存在となりました。1年にわたる保護観察期間は，「職場に腹いせで火を付けた非行少年」というラベルの上に，「誰からも愛される気の良い清掃員」というラベルが貼られる過程であっと言えるでしょう。

　46歳の女性である秋子さん（仮名）は，33歳のとき，覚醒剤に手を出しました。再婚した相手の金遣いが荒く，苦しい家計を支えるため，スナックで働きながら，2人の娘の育児を1人で抱え込む状態にあったところ，「これを使うと，気分が晴れるよ」と知人から覚醒剤を勧められたのがきっかけでした。その後，再婚相手とは離婚しましたが，1カ月に1回の頻度で覚醒剤を使用し続け，41歳のとき，覚せい剤取締法違反の容疑で逮捕されました。裁判で懲役1年6カ月執行猶予3年の言渡しを受け，一度は，覚醒剤を止める決意をしましたが，執行猶予の期間の終盤になって，寂しさを紛らわしたり，言うことを聞かない子どもへの怒りを鎮めたりするため，再び覚醒剤を使用するようになりました。44歳のとき，覚せい剤取締法違反の容疑で逮捕され，今度は，裁判で懲役1年2カ月に処せられ，そのうち，4カ月の

注40）刑務所出所者ら前歴のある者であっても，差別せず，積極的に雇用する企業や事業者。

執行を実刑部分の満了後に2年間猶予し，保護観察に付するという言渡しを受けました（一部猶予）。服役後，特別改善指導（薬物依存離脱指導）を受け，およそ2カ月の刑期を残して仮釈放が許可され，内縁の夫のもとに帰住し，2人の娘を引き取りました。その後，保護観察官から「家庭のほかに健康な居場所が必要である」との情報提供を受けた保護司が懇意にしている協力雇用主を紹介し，秋子さんは，その工場で軽作業に従事することになりました。刑務所出所者らに理解のある協力雇用主の職場というだけあって，雰囲気が良く，秋子さんもまた働く喜びを味わいながら，同僚らとの雑談を楽しむ日々を送るようになりました。今では，すっかり表情も明るくなって家庭と職場がバランス良く切り分けられている様子が窺われ，保護観察所で行う薬物再乱用防止プログラムにも意欲的に取り組んでいます。

　秋子さんは，もともと活動性が高く，負けず嫌いで自分の思い通りにならないと怒りを爆発させる傾向にありますが，家事・育児のうっぷんを職場の同僚らとの雑談で解消し，職場での仕事ぶりを上司や同僚らに評価されることで，家庭以外の自分の居場所を見つけ，上手に気分転換が図られているように思われます。これまで家庭での不満を不良仲間にぶつけ，そのはずみで覚醒剤の乱用に至っていることに鑑みると，秋子さんの立ち直りに理解のある職場に就職できたことの意義は，大きいと言えるでしょう。秋子さんの場合は，「家庭の不満を覚醒剤でうさ晴らしする薬物依存者」というラベルの上に「家庭と仕事を両立する女性」という新たなラベルを貼り直している最中と言えるでしょう。

　なお，刑務所の受刑者一人当たり，年間で300万円を超える費用がかかるという試算があります。原資の大半は，税金です。刑務所出所者を雇い入れ，雇用し続けることは，彼ら彼女らを税金で養われる立場から納税者へと変身させることになります。しかも，新たな被害者を生み出さないことになるわけですから，その社会的な影響たるや測り知れません。一攫千金を夢見て濡れ手に粟の場面を追い求める生活態度は，得てして犯罪を誘発します。刑務所出所者が協力雇用主の背中を見て，額に汗して働く勤労観を身に付けてほしいものです。

2　BBS会員による支援

　中学2年生の五郎君（仮名）は，先輩の影響を受け，奇抜な格好をして登校しては，授業を妨害するなど教師に反抗的な態度をとり続けていたところ，日常的にいじめている同級生に対し，他の生徒と共謀して殴る蹴るの暴行を加え，怪我を負わせたとして検挙され（在宅），家庭裁判所の審判で保護観察に付されました。審判直後の保護観察所における面接において，被害者に謝罪し，今後，反抗的な態度を改め，進学を目指して勉学に励むことを誓いました。これを受け，学力を補うため，**BBS会**^{注41)} に所属する大学生による学習支援を受けることを勧めたところ，これを希望したことから，毎週土曜日に複数の大学生がチームを組んで五郎君に対する学習支援が始まりました。1カ月ほど経過した頃，通学先の中学校の担任教諭から，保護司のところに「最近，五郎君が授業中にノートをとっている。どんな指導をされたのですか」という問い合わせが入るくらい，授業態度が一変し，その後も学習支援が続けられました。残念ながら，志望校には合格しなかったものの，卒業後，定時制の高校に進学することに決まり，これを受け，保護観察が解除されました。

　BBS会員による関わりは，学習支援に限りません。地区BBS会でバスケットボールチームを結成し，そこに保護観察対象者らを招き入れ，毎週，定期的に活動をしているところもありました。バスケットボールを通じて心地良い汗をかき，健全な仲間ができ，繁華街の不良仲間のたまり場に身を置く必要がなくなった少年たちを幾人か見てきました。このような支援を見るにつけ，寂しさで一杯の彼ら彼女らに年齢の近い青年ボランティアであるBBS会員が救いの手を差し伸べる意義は大きいと言えます。

注41）BBS運動を行う青年ボランティア団体。BBS 運動（<u>B</u>ig <u>B</u>rothers and <u>S</u>isters movement）は，兄や姉のような身近な存在として，非行に陥った少年たちと触れ合い，その健やかな成長を支援するとともに，非行や犯罪のない明るい社会の実現を目指して様々な非行防止活動を行っている。BBS 運動の発祥地は，アメリカであるが，我が国では，昭和22年に京都市内の大学生を中心に広がり始め，全国各地でBBS会として組織化され，今日では，全国組織である日本BBS連盟の傘下に4,935人（令和2年1月1日現在）の会員がいる。

3 更生保護女性会員による支援

保護観察に付された少年らが心を入れ替え，保護観察を自分の力で卒業したと見なされる解除（保護観察処分少年の場合）や退院（少年仮退院者の場合）になったとき，その努力を称え，今後の門出を励ます意味で，**更生保護女性会**[注42] から図書カードなどの記念品が贈られることもあります。

更生保護女性会は，「誰もが心豊かに生きられる社会」を合言葉に小学校における登下校の見守り活動をはじめとする地域における様々な活動に積極的に参加するとともに，関係機関と連携し，女性・母親の立場から，非行のある少年や犯罪をした者の立ち直りに向けての理解と協力の輪を広げるべく啓発活動を行ったり，各種の催し物で得られた収益金を更生保護施設などに寄付したりしています。

4 保護者に対する支援

非行のある少年や犯罪をした者の立ち直りの舞台を作るに当たっては，主人公である彼ら彼女らと生活を共にする者が大きな影響を与えます。その多くは，家族ですが，とりわけ，少年となると，保護者の養育態度の変化が立ち直りを占う鍵となることも少なくありません。

一口に非行のある少年の保護者の養育態度といっても，実に千差万別です。保護者としての役割を放棄し，放任している場合もあれば，虐待とも言える冷酷非情な親もいます。我が子を溺愛するあまりに，我が子の言いなりになっていたり，不道徳な文化に染まった親が非行を助長したりする例も散見されます。

また，両親が離婚して，そのどちらかが再婚し，血の繋がっていない親と同居するとなると複雑です。血の繋がっている実の親子でも難しい思春期にあって，血縁関係のない親子が円満な関係を築いているのを見ると，思わず頭が下がります。その一方で，両親が揃い，裕福な家庭で養育されていたとしても，非行に走る現実を目の当たりにすると，子育てが一筋縄ではいかな

注42）地域の犯罪予防はもとより，非行のある少年や犯罪をした者の更生に協力し，犯罪のない明るい社会の実現に寄与することを目的とする女性ボランティア団体。全国組織である全国更生保護女性連盟の傘下に14万7,686人（令和2年4月1日現在）の会員がいる。

い繊細で複雑なものであることが改めて痛感されます。

　ドイツの精神科医であるアドラーは，親の養育態度と子どもの性質との関連について，「①冷酷な親は，子どもの情性を育てない。②厳格な親は，子どもの反抗的な態度を育てる。③放任的な親は，子どもに規律を教えない。④過保護の親は，子どもに欲望の抑制を教えない」と提言しています。この提言は，確かに子育てを始めようとする親にとっては，とても参考になります。しかし，どのようにして彼ら彼女らと関わっていけばいいのか，まさに「藁にもすがる」心境に追い込まれている保護者にとっては，同じ悩みを抱える保護者同士が語り合ったり，非行を克服した当事者の経験談に耳を傾けたりすることが自らの養育態度を見直す機会になり得ます。保護観察所などの公的機関が行う保護者会のほか，第1章第3節で紹介したNPO法人再非行防止サポートセンター愛知をはじめとする民間団体の様々な取り組みを通じて勇気づけられている保護者も少なくありません。

　愛情を注ぐというのは，言葉で言うと，たやすいのですが，受け手である子どもたちも多種多様です。これを器でたとえると，親として十分に愛情を注いだつもりでも，器の形状によっては，その中に入らず，結果的に愛情が満たされないまま，子どもが成長する例も少なくありません。たくさんの愛情を注がれ，器から溢れ出るようになって，他者にも愛情を注ぐ存在，すなわち，大人になり得ることを考えると，器の形状に合った養育態度に気づくことが早いに越したことがないと思われます。

5　更生保護サポートセンター

　保護司の活動区域は，保護区と呼ばれ，保護区ごとに保護司の定数が決められていることに加え，保護司会を組織することが保護司法（昭和25年法律第204号）によって定められています[注43]。保護区は，必ずしも基礎自治体の単位と一致せず，複数の市町村をまたがることもありますが，同法によって，地方公共団体は，保護司会に対し，必要な協力ができると定められ[注44]，

注43）保護司法第13条。

注44）保護司法第17条。

保護司会を単位として市町村との連携が図られています。

　保護区ごとに設置されている**更生保護サポートセンター**では，保護司が交代で駐在し，それぞれの地域の実情に応じて様々な活動をしています。令和元年に「安全安心なまちづくり関係功労者」内閣総理大臣表彰を受けた土岐保護区保護司会（定数 22 名）では，土岐市役所の敷地の一角に面接室を備えた「土岐更生保護サポートセンター」を設置し，保護司同士のチームワークを有効に活用した上で，保護観察対象者はもとより，立ち直りに向けて支援を要する市民との関わりを大切にしています。同センターを舞台として，協力雇用主，BBS 会，更生保護女性会などの社会資源が徐々に開拓されるとともに，保護司としての経験を生かし，小学校や中学校に赴き，薬物乱用防止講座や座談会などを積極的に行い，非行や犯罪の予防に貢献しています。

　更生保護サポートセンターを設置することで，保護司同士がチームを組みやすくなり，研鑽活動はもとより，関係機関との連携が充実強化されることから，これによって，救われる人が増えることが大いに期待されます。土岐更生保護サポートセンターで保護司の存在を知り，協力雇用主となった企業に保護観察対象者が就職し，その後，企業の貴重な担い手になったとの報告が同センターに寄せられています。人と人を繋げる力が更生保護サポートセンターには秘められています。これによって，再犯を防ぐことができるとしたら，新たに被害者を生まないことになるわけで，地域社会は，その可能性に投資した配当が受けられることになります。

6　再犯防止推進施策

　非行のある少年や犯罪をした者の立ち直りの舞台を整えるのも行政の大切な役割です。保護観察においては，一人一人を主人公とした舞台の上に，名脇役を担うことが期待される保護司を登場させ，舞台袖で舞台の行方を見守るのが保護観察官と言えます。必要に応じて，保護観察官は，協力雇用主やBBS 会員などの新たな登場人物を投入したり，主人公である保護観察対象者と舞台裏で面接したりします。残念ながら，現実は厳しく，再犯で幕を閉じることもありますが，関わり続けることで見事に立ち直る者も少なくありません。

平成28年12月14日，**再犯の防止等の推進に関する法律**（平成28年法律第104号）（以下「再犯防止推進法」）が公布・施行されました。刑罰権が国によって独占されていることから，刑事司法は確かに国の仕事ですが，刑事司法のトンネルを出た後は，地域社会で再出発をすることになるわけで，彼ら彼女らに再犯をさせないためには，国と地方公共団体とで役割を明確にし，双方で切れ目のない支援を行うことが必要です。再犯防止推進法は，再犯防止等に関する国と地方公共団体の責務を明らかにするとともに，再犯防止等に関する施策を総合的かつ計画的に推進する基本事項を示しています。これを受け，国，都道府県，市町村らが再犯防止に向け，重層的な支援体制を構築することになります。同法の施行が契機となって，彼ら彼女らの立ち直りの舞台裏がより一層，充実強化されることが期待されます。

　一般人の感覚で言うと，罪を犯した人を支援するということに違和感を覚えるのは，無理もないことです。確かに非行のある者や犯罪をした者に対し，そうでない者よりも優遇されるような特権を与えてはなりません。しかし，何らかの負因（ハンディキャップ）を抱え，それがゆえに更生が妨げられているとしたら，事態を改善させる意味での支援は必要です。さもなければ，彼ら彼女らは，新たな悪事に手を染め，その都度，被害者を生み出すという悪循環から抜け出すことができません。彼ら彼女らが更生すれば，地域社会にとって有用な存在になり得ることも忘れてはなりません。

　私ごとですが，思いもかけず，ある少年院の出院生に助けられたことがあります。冬場のある日，自家用車のバッテリーが上がって，エンジンがかからなくなりました。ロードサービスの会社に電話するも，深夜だったこともあって，サービスマンが到着するまで2時間以上もかかるとの返答でした。仕方がなく，ホットコーヒーでも飲んで冷えた体を温めようと思い，自動販売機のところに行ったところ，こちらに向かって体格の良い若者がやって来ます。因縁でも付けられるかなと警戒していると，自動販売機のうす明りを頼りにして私の顔を覗き込みました。思わず，顔を合わせると，その若者は，「長尾先生じゃないですか」と声を発しました。聞き覚えのある声と見覚えのある顔に安堵しました。彼は，かつて私が勤務していた少年院の出院生で，レンタルビデオ店に歩いて行く途中だったとのことでした。彼に事情を話す

と，踵を返して自宅に戻り，自動車を乗り付け，ボンネットを開け，双方のバッテリーをコードで繋ぎ，エンジンを起動させてくれました。お陰で，寒い深夜に戸外で長時間待たされずに済みました。彼へのお礼として缶コーヒーを1本渡し，近況を尋ねると，真面目に働き，自動車の運転免許も取得したことを笑顔で報告してくれました。

　米国の社会学者であるハーシーは，大半の人々が犯罪に至らないのは，身近な人に悲しい思いをさせてはいけないという「愛着」をはじめとする社会的な絆（ソーシャルボンド）があるからで，これが弱まったときに逸脱行為が生じるという**ソーシャルボンド理論**を提唱しています。罪を犯した人々に対し，強い社会的な絆を育ませ，地域社会のかけがえのない存在として自立させることが立ち直りの舞台の完成形と言えるでしょう。

第5節　秘密を守る態度

　秘密というのは，人によって違います。保護観察に付されていることを秘密にしている場合もあれば，政治家や芸能人が刑務所で服役し，仮釈放を許可されて出所したときに，記者会見などを行い，刑期が終了するまで保護観察に付されることを公言する場合もあります。このほか，職場では，雇主に犯罪歴などを伝えているものの，従業員には伝えていないという例も少なくありませんし，息子が保護観察に付されているということを同居する祖父母に伏せている例すらあります。ここで留意しなければならないのは，どこまで前歴等を打ち明け，どこから秘密にするのかという線引き，すなわち，秘密の範囲指定をしておかなければならないということです。一般的に言うと，犯罪歴は，最も人に知られたくない秘密の1つです。秘密が暴露されることで傷つく人は，加害者本人だけでなく，その家族や関係者，さらに，事案によっては，被害者も含まれる場合すらあります。非行のある少年や犯罪をした者と関わるに当たっては，秘密を守るという態度は極めて重要です。

　しかし，秘密を守り抜くというのは，細心の注意とそれなりの覚悟を要します。例えば，彼ら彼女らの住まいを訪ねる際，管理人から「どういう御関係ですか？」と尋ねられる機会が少なくありませんが，とっさに身分を明か

すと，それによって，保護観察に付されていることなどが知られ，これがきっかけで彼ら彼女らが犯罪歴を打ち明けざるを得なくなるおそれが生じます。そのようなときは，どうすればいいのでしょうか。秘密を守るという態度を優先させるあまりに「親戚の者です」と答えて，その場を切り抜ける場合もあるのかもしれません。しかし，これには問題があります。なぜならば，管理人に対して虚偽を申し述べたことになるからです。もしも，管理人から，「ああ，ちょうど良かった。最近，家賃を滞納されているので，お話を聞かせていただけませんか」と突っ込まれる危険性もあるからです。慌てて，その場を黙って立ち去ろうとすれば，不審者との誤解を生じさせかねません。このような場合，秘密保持に抵触しない範囲において，曖昧に答えるしかないことに気がつきます。「親戚の者です」と言えば，いわゆる「嘘」になってしまいますが，「ちょっとした知り合いです」と言えば，虚偽を申告しているという謗りからは逃れられるでしょう。

　以前，こんな経験をしました。ある都市の繁華街を職場の同僚と飲み歩いていたところ，見覚えのある青年から声を掛けられました。「先生じゃないですか。」声を掛けた主は，かつて勤めていた少年院の出院生でした。

筆者：おお，久し振り。何やっているの？

青年：店の呼び込みですよ。うちの店に来て下さいよ。先生。お願いします。

筆者：いかがわしい店じゃないだろうね。

青年：普通のスナックです。このところ，客が入らなくて，ママから言われて，ずっと，こうしているんですよ。

筆者：ちょっとだけなら，いいけど。ママには（少年院に）行っていたことを内緒にしているんじゃないの？

青年：ええ。

筆者：それなら，恩師と教え子とまでにしておこうか。

青年：それで，お願いします。

　こうして，彼に誘われるままに店に入りました。確かにスナックでしたが，他に客も見当たらず，カウンター越しにママが立っていました。久し振りの

再会に会話が弾む我々に対し，ママが口を開きました。

ママ：お二人は，どういう御関係なの？
筆者：○○君は，教え子なんですよ。
ママ：そうなの。偶然，再会したの。そんなら，お時間が許す限り，楽しんでいってください。○○君，もう，外に行かなくてもいいから。わざわざ恩師がお店に来てくださっているのだからね。

　1時間ほど会話を楽しんで店を後にしました。このように，秘密を守るためには，それなりの配慮が必要です。少年院の教官にとって見れば，出院生は，大事な「教え子」であることは間違いのないことですが，もし，ママさんがどこの学校の先生なのかと尋ねられたら，「中学校」と言うと虚偽になるし，「ある国立の全寮制の学校」とぼかして言うと，「ええ，どこなの？」とかえって興味を持たれてかねないので，○○君との会話に気を取られて質問には答えない振りをしようと思っていました。秘密を守り抜くためには，質問に対し，虚偽を申し述べることなく，曖昧に答えるか，または質問をうまく逸らす術が必要となります。

　非行のある少年や犯罪をした者と関わっていると，近隣住民らから「あの子，少年院から出てきた子？」などと聞かれることがあります。勘ぐったり，推測したりするのは自由ですが，こちらとしては，お墨付きを与えてしまうと，秘密が守られなかったことになりかねませんし，「違うよ」と否定すると，返答の偽りが生じることになるので，そのような場合は，当方の立場を理解していただき，返答そのものを回避するしかないでしょう。例えば，保護司などが近所の人から，「あの子，誰？」と聞かれた場合，どうすべきでしょうか。「保護観察で受け持っている子」と答えるのではなく，「ちょっとした知り合いでね」と曖昧に答えるのが無難でしょう。「知り合いって，どんな？」と突っ込まれても，「話すと長くなるんでね」とさらりと躱す配慮が求められます。

　また，非行のある少年や犯罪をした者に対しても，守秘義務の履行に当たり，相応の気を配らなければなりません。こちらが把握している情報の中には，共犯者や被害者など他者に関するものも含まれているからです。これら

が開示できる情報なのか否かを慎重に判断した上で口にしないと，後ほど面倒なことになることもあります。例えば，共犯者の状況などは，彼ら彼女らにとっては，とても気になるところですが，新聞などで報道されない少年事件では，当人同士が連絡を取らない限り，お互いの消息を知る由もありません。処分結果についても両者の関係を絶つためにあえて秘匿にしている場合さえあります。そのようなとき，うかつに「あの子はね，○○少年院に送られたよ」と口を滑らしたりすると，その話題が拡散することになりかねません。SNS が普及している今日では，深刻な事態に至ることも想定されます。日頃，面接を積み重ねている相手だけに警戒心も解かれ，彼ら彼女らの疑問に答えようとするあまり，一線を越えてしまう危険性があることを承知した上で，とりわけ，個人の情報に関することについては，不用意な発言をしないよう細心の注意を払わなければなりません。

　なお，保護観察所では，報道機関等から問い合わせがあったとしても，守秘義務が課せられていると判断されるときは，例えば，「保護観察中であるか否かも含めて個別具体的なことは，お答えできません」として対応しています。これを存否応答拒否の原則と呼んでいます。かつて，ある法務大臣が講演会で，「法務大臣とはいいですね。2つ覚えておけばいいのですから。『個別の事案については，お答え差し控えます』と，あとは『法と証拠に基づいて適切にやっております』この2つなんですよ」と言い放ち，それが国会を軽視する失言と批判されましたが，守秘義務が課せられている立場での答弁には，自ずと限界があるという意味で受け取られれば，失言として批判されることはなかったでしょう。

第6節　公正な態度

　非行のある少年や犯罪をした者と継続的に関わるとき，何とかして立ち直ってほしいという熱い思いが生まれてくるのは，自然なことでしょう。一定の「思い入れ」がなければ，彼ら彼女らとの関係が親密になりませんし，彼ら彼女らも懐きません。しかし，自由に動き回ることのできる社会の中で，いったん，悪い方向に踏み出すと，もともとビリヤードの球のような性質を

持つ彼ら彼女らの場合は，坂道を転げ落ちるが如く，目まぐるしく事態が変わり，ときとして，その勢いに巻き込まれ，冷静な判断を失いがちになるという危険性があることを自覚しておかなければなりません。かく言う私も駆け出しの頃に苦い思い出があります。

　ある日，夜遅く執務室で残業していると，勤め先の合同庁舎の宿直室から連絡が入りました。担当している春男君（仮名，少年院仮退院者，19歳）が私を訪ねてきたのです。事情を聴くと，住み込み就職先（ホテル）の料理長から「出て行け」と言われ，今晩は行く当てがないとのことでした。春男君は，少年院から仮退院を許可され，母親のもとに帰ったのですが，仕事もせず，母親に金を無心する日々であったので，彼を説得し，ホテルの料理人のもとで修業を始めさせたという経緯があったこともあって，私は，彼に同情し，官舎で一泊させることにしました。客用の布団を出し，並べ敷いて話し込み，「明日は職場に行く」と約束してくれましたので，ひと安心し，眠りについたのが思い出されます。翌朝，駅で彼を見送った後，保護観察所に出勤すると，しばらくして警察署から電話があり，我が耳を疑いました。何と彼に窃盗の容疑で逮捕状が出ているというのです。慌てて住み込み就職先に電話をすると，昨日から行方がわからなくなっているとのことでした。後日，知ることになったのですが，春男君は，住み込み就職してからも，不良仲間との縁が切れず，窃盗行脚を繰り返していたとのことでした。それから数週間後，彼は逮捕されましたが，この苦い思い出は，今でも忘れることはできません。

　今から振り返ると，私に助けを求めて来てくれた彼の行為は，自らの援助者としての職業意識を満足させるもので，駆け出しの頃の勢いもあって，一人悦に入っていたのでしょう。「人の役に立ちたい」という動機で職業選択しようとしている人が保護観察官などを希望することは望ましいことですが，非行のある少年や犯罪をした者の多くは，騙し騙され，傷つき傷つける人間関係に身を置く中で，生き抜くために他者に取り入り，他者を利用することにも慣れていることから，援助者が巻き込まれる危険性があることにも注意を払わなければなれません。彼ら彼女らに対する「**思い入れ**」が次第に「**自分でないと，救えない**」という「**思い込み**」に陥り，気がついたら，彼ら彼

女らに巧みに言いくるめられて操られている事態に陥っている例も珍しくはないように思います。では、「思い入れ」が「思い込み」となってしまわないためには、どうすれば良いのでしょうか。

　1つは、過不足なく記録化する習慣を身に付けることでしょう。文章に置き換えることで、情緒的なものが合理的なものへと置き換わり、自らの立ち位置が冷静に見えてきます。先ほどの私の経験談を例にとると、それまで親子喧嘩が頻繁にあって、逆上した母親が騒ぎ立てるという日々が続く中で、住み込み就職が実現し、誰もが喜んでいた矢先の出来事でしたが、あまりにも速い事態の進展に記録が追いつかず、適切な判断ができないまま、情に流されてしまったことは否めません。

　もう1つは、1人で抱え込まないことでしょう。1人で抱え込むと、間違いを起こしやすくなります。非行のある少年や犯罪をした者の中には、無理を承知で頼みごとをし、1つ叶うと、また次の頼みごとをといった具合に突き進み、気がついたら、こちらが不適切な処遇を行う状態に陥っている場合もあり得ることを承知しておかなければなりません。心理学において、初めに小さな要請に応じた人は、次はもっと大きな要請に応じやすくなるという傾向が知られ、あえて二段階に分けて要請するテクニックを**フット・イン・ザ・ドア法**と呼んでいますが、知ってか知らぬか受刑者の中には、看守（刑務官）に言葉巧みに話しかけ、看守が籠絡させられる保安事故も生じています。このため、刑務所では、看守が制服と制帽で身を固め、「受刑者に対し、歯を見せて笑うな」という訓示に象徴されるように、一定の緊張関係を保たざるを得ません。非行のある少年や犯罪をした者には、個人差があるにしろ、「反社会性」が潜んでいること覚悟しておかなければなりません。彼ら彼女らの場合、ある程度、甘えさせなければ、懐きませんが、甘やかすことは禁物です。そのさじ加減が難しいのですが[注45]、甘やかせば、「反社会性」が発露

注45）どうしてもできないことに手を貸すのであれば、「甘えさせる」と言えるが、できることに手を貸すとなると、「甘やかす」になる。どうしても我慢できない状況を解消させることは、「甘えさせる」と言えるが、我慢できるのに我慢させないとなると、「甘やかす」になる。要求に対し、気持ちを汲むのであれば、「甘えさせる」と言えるが、言いなりになって要求を通させることは、「甘やかす」になる。（明橋大二『子育てハッピーアドバイス』1万年堂出版、2005年、80〜83頁）

して新たな被害者を生み出しかねないという厳しい現実があります。一般人に対する支援との決定的な違いは，ここにあるように思われます。

　ちなみに，**犯罪をした者及び非行のある少年に対する社会内における処遇に関する規則**（平成20年法務省令第28号）第3条において，「公正を旨とし，社会内における処遇の対象となる者に対しては厳格な姿勢と慈愛の精神をもって接し，関係人に対しては誠意をもって接し，その信頼を得るように努めなければならない」と謳われていますが，これを実践するためには，定期的に自らの動きを冷静に見つめ，必要に応じて他者の助言が受けられる環境が必要です。

　とりわけ，犯罪性が進んだ者と関わる際は，定期的にスーパービジョンを受け，折に触れてケースカンファレンスができる体制が整っていることが前提となるでしょう。彼ら彼女らとの距離感は，人工衛星に喩えることができます。人工衛星は，地球に近づき過ぎると，落下しますし，逆に遠過ぎると，軌道が外れて宇宙の彼方へと消えてしまいます。双方の引力が拮抗する適度な距離を保ちながら，間合いを大切にした節度のある関係性が求められます。

　残念ながら，保護観察対象者の再犯や再非行のほとんどは，保護観察官や保護司の気づかないところで，こちらの見立てを裏切って発生します。しかし，再犯や再非行の発生後，改めて詳細に検証すると，その前兆となる生活の乱れや問題行動が見つかる場合があります。いわゆる「警察沙汰」にすでになっている場合もありますが，軽微な事案では，逮捕などの強制捜査には至りません。保護観察官は，「警察沙汰」になっているものも含め，遵守事項に違反すると思われる生活の乱れや問題行動が点在している場合，これらの点と点を線で結び，その延長線上で明るい兆しが見えず，深刻な事態が予見されるときは，直ちに保護観察対象者を矯正施設へ収容する手続き，すなわち，**不良措置**（表1参照）をとる準備をしなければなりません。不良措置をとるに当たっては，処遇の経過における「読み」と不良措置に踏み切る「決め」がものを言います。新たな被害者を生まないためにも，未然に再犯や再非行を防ぎ，保護観察から矯正教育への処遇の転換を図る場面こそが不良措置です。不良措置は，決して狙ってなされるものではありませんが，保護観察官として保護観察対象者と関わっていれば，一定の割合で，保護観察

表1　保護観察における不良措置とその基準

施設送致申請 （犯罪をした者及び非行のある少年に対する社会内における処遇に関する規則第 79 条）	警告を受けた保護観察処分少年が警告に係る遵守事項を遵守しなかった場合において，当該遵守事項を遵守しなかったことの情状，警告後の保護観察の実施状況等を考慮し，その程度が重く，かつ，保護観察によっては当該保護観察処分少年の改善更生を図ることができないと認めるとき。
家庭裁判所への通告 （更生保護法第 68 条）	保護観察処分少年について，新たに少年法第 3 条第 1 項第 3 号に掲げる事由があると認めるとき。 　（少年法第 3 条第 1 項第 3 号） 　次の掲げる事由があって，その性格又は環境に照らして，将来，罪を犯し，又は刑罰法令に触れる行為をする虞のある少年。 　イ　保護者の正当な監督に服しない性癖のあること。 　ロ　正当な理由がなく家庭に寄り附かないこと。 　ハ　犯罪のある人若しくは不道徳な人と交際し，又はいかがわしい場所に出入りすること。 　ニ　自己又は他人の徳性を害する行為をする性癖のあること。
少年院への戻し収容の申出 （同規則第 85 条）	少年院仮退院者が遵守事項を遵守しなかった場合において，当該遵守事項を遵守しなかったことの情状，保護観察の実施状況等を考慮し，少年院に戻して処遇を行うことが必要かつ相当と認めるとき。
仮釈放の取消しの申出 （同規則第 91 条）	仮釈放者が遵守事項を遵守しなかった場合において，当該遵守事項を遵守しなかったことの情状，保護観察の実施状況等を考慮し，その改善更生のために保護観察を継続することが相当であると認められる特別の事情がないとき。
執行猶予の取消しの申出 （一部猶予の場合） （同規則第 100 条 II）	保護観察付執行猶予者（一部猶予）が遵守事項を遵守しなかった場合において，当該遵守事項を遵守しなかったことの情状，保護観察の実施状況等を考慮し，その改善更生のために保護観察を継続することが相当であると認められる特別の事情がないとき。
執行猶予の取消しの申出 （全部猶予の場合） （同規則第 100 条 I）	保護観察付執行猶予者（全部猶予）が遵守事項を遵守しなかった場合において，当該遵守事項を遵守しなかったことの情状が重いと認めるとき。
婦人補導院からの仮退院の取消しの申出 （同規則第 106 条）	婦人補導院仮退院者が遵守事項を遵守しなかった場合において，当該遵守事項を遵守しなかったことの情状，保護観察の実施状況等を考慮し，再び婦人補導院に収容して処遇を行うことが必要かつ相当と認めるとき。

（注）
　保護観察対象者は，①保護観察処分少年（1 号観察），②少年院仮退院者（2 号観察），③仮釈放者（3 号観察），④保護観察付執行猶予者（4 号観察），⑤婦人補導院仮退院者（5 号観察）の 5 つの種類に分けられる。

では救えない事態，すなわち，不良措置をとらざるを得ない場面が発生するものです。そのようなときは，「鬼手仏心」という四字熟語が思い出されます。これは，残酷で手荒な行いが慈悲心に基づいているという意味です。例えば，外科手術は，医師が患者の体をメスで切り開くなどし，鬼のような残酷な行為をしているように見えますが，その実，患者を救おうとする仏のような慈悲の心に基づいていることから，「鬼手仏心」の典型と言われています。

　ビリヤードの球のような性質を持つ彼ら彼女らは，何の前触れもなく，行方をくらますことも珍しくありません。このような場合は，路頭に迷って金銭に困窮したり，不良仲間と行動を共にしたりすることが懸念され，再犯に結びつく危険性が高い由々しき事態と言えます。とりわけ，未成年者の場合，悪意のある大人の魔の手が忍び寄り，取り返しの付かない犯罪に巻き込まれるおそれがあることを踏まえ，保護者が警察署に捜索願を提出することを視野に入れ，保護者に寄り添い続けるべきでしょう。

　保護観察対象者の場合，居住すべき住居に居住しなければならず，転居又は7日以上の旅行をするときは，あらかじめ保護観察所の長の許可が必要ですので，行方をくらますこと自体が重大な遵守事項違反となります。所在調査の結果，所在が判明したときは，保護観察官が当該保護観察対象者から事情を聴取した上で，不良措置を取るか否かの判断がなされます。

　なお，仮釈放者の所在がわからなくなったときは，地方更生保護委員会の決定によって保護観察が停止[注46]されます。保護観察が停止されると，刑の時効[注47]が完成するまで保護観察事件が終結しないばかりか，直ちに裁判所から引致状の発付を受け，潜伏先などがわかれば，保護観察官が警察官と連携するなどして引致状を執行し，当該仮釈放者の身柄を確保するのが通例です。

注46）地方更生保護委員会は，保護観察所の長の申出により，仮釈放者の所在が判明しないため保護観察が実施できなくなったと認めるときは，決定をもって，保護観察を停止することができる（更生保護法第77条第1項）。

注47）刑の時効は，刑法第32条において定められているが，無期刑については，30年，10年以上の有期刑については，20年，3年以上10年未満の有期刑については，10年，3年未満の有期刑については，5年となっている。

第3章

犯罪傾向や属性から見る立ち直りの方向性

第1節　薬物犯罪

　我が国の場合，薬物犯罪というと，その多くが覚醒剤の使用や所持などです。しかも，国内に蔓延している覚醒剤のほとんどがフェニルメチルアミノプロパン（メタンフェタミン）です。戦前は，「ヒロポン」という薬品名で，大日本製薬から市販され，疲労回復や精神高揚の薬理作用が謳われていました。特攻隊員などの兵隊や軍需工場で働く工具らに推奨していたとも言われています。戦後，荒廃した気風の中で，「ヒロポン」の乱用が蔓延したことから，昭和26年に**覚せい剤取締法**（昭和26年法律第252号）^{注1)}が施行され，以後，「ヒロポン」の主成分であるフェニルメチルアミノプロパン（メタンフェタミン）はもとより，ヨーロッパ諸国で乱用されているフェニルアミノプロパン（アンフェタミン）が規制の対象とされました。これによって，法定の除外事由がない限りは，製造，使用，所持，譲渡および譲受が禁止され，罰則が設けられました。令和2年版「犯罪白書」によると，令和元年の覚せい剤取締法違反による検挙人員は，8,730人でした。

　このほかの薬物犯罪では，大麻取締法違反による検挙人員が4,570人，いわゆる危険ドラッグ乱用者の検挙人員が172人となっています。かつて非行のある少年たちの間で蔓延していたシンナーの吸引については，昭和47年に毒物及び劇物取締法違反が改正され，シンナー等有機溶剤の乱用行為等が

注1）令和2年4月1日をもって「覚せい剤」から「覚醒剤」に表記が改められた。

犯罪とされてからは，同法違反での検挙数が急増し，昭和 50 年代後半から検察庁への送致人員が 3 万人前後で推移していました。しかし，平成 3 年から顕著な減少傾向を示し，令和元年の毒物及び劇物取締法違反の検挙人員は，177 人となっています。

　目下のところ，我が国において蔓延している規制薬物の主なものは，覚醒剤と大麻です。一方，海外に目を向けると，最も蔓延している規制薬物はヘロインですが，令和 2 年版「警察白書」によると，令和元年のヘロイン事犯による検挙人員は，わずか 6 人で，海外の事情とは大きく異なっています。

　ところで，刑務所に目を移すと，男女とも罪名に覚せい剤取締法違反がある者が窃盗に続いて多く，男子刑務所では，およそ 4 分の 1[注2]，女子刑務所に至っては，およそ 3 分の 1[注3] を占めています。刑務所人口を減らすためには，覚醒剤事犯者の再犯防止が大きな課題であると言えるでしょう。

1　規制薬物の種類

　我が国で規制されている薬物の主なものは，次のとおりです。

（1）覚醒剤

　原材料は，中国原産の麻黄（マオウ）です。麻黄の茎から取れる抽出液は，咳止めに効くことから，漢方薬として使用されてきました。1885 年，我が国の長井長義博士が麻黄からエフェドリンを抽出することに成功し，以後，咳止めとして処方されるようになりました。1893 年，同博士は，エフェドリンからフェニルメチルアミノプロパン（メタンフェタミン）を合成し，これが中枢神経を興奮させる効用があったことから，気分高揚と疲労回復の薬として「ヒロポン」という商品名で市販されたことは，先に申し述べたとおりです。ほぼ同じ頃，ドイツでフェニルアミノプロパン（アンフェタミン）が合成されました。

注2）全国の男子刑務所受刑者（38,419 人）のうち，罪名に覚せい剤取締法違反のある者が 8,997 人（令和元年末現在：矯正統計年報による）。

注3）全国の女子刑務所受刑者（3,448 人）のうち，罪名に覚せい剤取締法違反のある者が 1,217 人（令和元年末現在：矯正統計年報による）。

覚醒剤は，粉末結晶を水に溶かした後，腕の静脈に注射して使用するほか，粉末結晶をアルミホイルに包んで火で焙り，煙を吸引する場合があります。

覚醒剤を使用すると，目が眩むような強烈な快感によって眠気や疲労感が消え，その後，気分が高揚して幸せな気分に浸りつつ，頭の働きが活発になったと感じて万能感を抱くようになります。加えて，性的な快感も顕著となるので，男女の関係で広がることもしばしばです。しかし，これらの効用は，数時間で消え，反跳（離脱）症状と呼ばれる疲労感や虚脱感に襲われるため，乱用に至り，回数とともに耐性が生じます。覚醒剤を1日に数10ミリグラムほど使用し続けると，約3カ月で幻覚や妄想の症状が生じ，自傷他害の行為に及ぶおそれがあります。

(2) 大麻

「麻」と名のつく植物の代表格である大麻草（カンナビス・サティバ・エル）は，古くから繊維の原材料として栽培されてきましたが，乾燥させた茎や葉の部分を燃焼させて，その煙を吸引すると，麻酔，陶酔，幻覚の作用があることが知られ，宗教的な儀式や麻酔などにも使用されてきました。よく耳にするマリファナとは，大麻草の葉などを乾燥させた加工品のことで，密売人を通じて不正に取引されています。

我が国において，大麻は，**大麻取締法**（昭和23年法律第124号）によって，取り締まりの対象とされていますが，意外なことに大麻の使用については，罰則の定めがありません。これは，都道府県知事の免許を受けた大麻取扱者が作業過程で大麻草の成分を受動的に吸い込むおそれがあることなどの理由によるものです。加えて，大麻草の種子には，そもそも陶酔等の成分がなく，発芽しないよう加熱処理されたものは，鳥の餌として販売されているほか，私たちが食する七唐辛子の中にも「麻の実」として入っています。当然のことながら，大麻取扱者以外の者が大麻草を栽培したり，みだりに所持したりすると，処罰させられます。

なお，広く流通している麻の繊維は，陶酔等の成分のない亜麻（リネン）や苧麻（ラミー）などから取られています。

(3) アヘン

オニゲシやヒナゲシ（虞美人草）に代表されるケシの仲間は，園芸用として人気があり，広く流通していますが，アヘンの原材料となるケシ（パパヴェル・ソムニフェルム・エル）など厚生労働大臣が指定しているものについては，**あへん法**（昭和 29 年法律第 71 号）によって，厚生労働大臣の許可を受けた「けし栽培者」以外は，栽培が禁じられています。栽培が禁じられている品種のケシの花びらが散った後にできる「ケシ坊主」と呼ばれる部位に滲み出る乳液を掻き集めて乾燥させたものがアヘンです。アヘンは，中枢神経を抑制する作用があることから，古代エジプトの時代から鎮痛剤，鎮静剤，咳止めなどに使用されてきました。中国では，18 世紀になると，アヘンの吸煙が官吏など含めて国中に蔓延し，これに危機感を抱いた中国政府（清朝）とアヘンを輸出していた英国との間でアヘン戦争が勃発したことは，世界史の教科書にも記載されるほど有名です。我が国では，明治時代に制定された刑法によって，アヘンを吸ったり，食べたりするほか，みだりに所持したりすることなどが禁じられ，罰則も定められていますが，現在では，あへん法によって，取り締まりの対象とされています。

(4) ヘロイン

1804 年，ドイツのゼルチュルナーがアヘンからモルヒネの分離に成功し，以後，強力な鎮痛効果を持つモルヒネは，医療現場で使用されるようになりますが，モルヒネに塩化アセチルを作用させて得られるのがジアセルモルヒネで，ドイツの製薬会社であるバイエルから「ヘロイン」という商品名で販売されました。ヘロインは，鎮痛作用がモルヒネの 10 倍以上と言われ，耐性が極めて早く生じることに加え，禁断症状に悪寒や激痛を伴うため，いったん，使用すると，依存症に陥りやすいことなどから，世界各国で規制されています。ヘロインは，粉末結晶を水に溶かして腕の静脈に注射して使用しますが，欧米では，ヘロインの乱用が深刻な問題となっています。

我が国において，ヘロインは，**麻薬及び向精神薬取締法**（昭和 28 年法律第 14 号）によって，取り締まりの対象とされ，ヘロインを使用したり，みだりに所持したりすると，同法によって，処罰されます。

なお，MDMA，MDA，LSD などの幻覚剤と称される合成麻薬も同法によって，取り締まりの対象とされています。

(5) コカイン

南米のインディオたちの間では，コカの葉を噛むと，疲労が回復し，気分が爽快になるという効能が古くから知られていましたが，1860 年にドイツのアルベルト・ニーマンがコカの葉からコカインの成分や性質を特定してからは，医療用の麻酔剤として使用されるようになりました。米国では，コカの葉のエキスを加えた炭酸水が売り出されましたが，後にコカの成分の依存性が指摘されるようになると，コカの成分を取り除いたものとなりました。これが今日の「コカ・コーラ」のルーツとも言われています。

コカインは，鼻粘膜から吸収するのが通例と言われ，中枢神経に強い興奮作用を示し，幻覚や幻視を伴います。我が国において，コカインもヘロインと同様，麻薬及び向精神薬取締法によって，取り締まりの対象とされ，コカインを使用したり，みだりに所持したりすると，同法によって処罰されます。

(6) シンナー

かつては，シンナーと言えば，非行少年，非行少年と言えば，シンナーというくらいにシンナーの吸引が蔓延し，酩酊状態で事故や他害行為を繰り返す青少年が跡を絶ちませんでした。かつて私が担当した中学生の少年院仮退院者は，通学先の中学校で他の生徒にシンナー入りの小瓶を配っては，仲間を募り，深夜，父親の自動車を拝借して仲間と共にドライブを敢行するなどの非行を続けたことから，警察官と連携して引致状[注4]を執行し，少年院へ戻す手続き[注5]をとらざるを得ませんでした。その際，「しらふでは怖くて車を運転できんけど，シンナーを吸うと，運転できる」という供述に唖然としたことが思い出されます。

シンナーを吸引し，酩酊状態になったところに集団の力が加わると，痛

注4）保護観察所の長は，保護観察に付されている者について，一定の事由に該当すると認められる場合には，裁判官のあらかじめ発する引致状により当該保護観察対象者を引致することできる（更生保護法第 63 条Ⅱ）。

ましい事件や事故を引き起こしかねません。名古屋アベック殺人事件[注6] や木曽川長良川連続リンチ殺人事件[注7] などが最も悲惨な例と言えるでしょう。加えて，人体への影響も甚大で，液体のシンナーが気化したものを口から吸うため，歯が溶けた状態になっている少年も多くいました。中には，視神経がやられ，ほとんど視力を失う状態になった少年や脳や内臓に致命的な影響を及ぼして亡くなった者もいました。

　我が国において，政令で定められたシンナーなどは，**毒物及び劇物取締法**（昭和25年法律第303号）によって，みだりに吸入したり，吸入等の目的で所持したりすることが禁じられ，処罰の対象となります。近年，極めて幸いなことにシンナーを吸引するものが激減し，令和2年版「犯罪白書」によると，令和元年に毒物及び劇物取締法違反で検挙された少年は，わずか3人でした。

(7) 危険ドラッグ

　規制薬物〈覚醒剤，大麻，あへん，麻薬など〉または指定薬物〈**医薬品，医療機器等の品質，有効性及び安全性の確保等に関する法律**（昭和35年法律145号）第2条第15項に規定するもの〉に化学構造を似せて作られ，これらと同様の薬理作用を有する物品を危険ドラッグと言いますが，平成25年の同法の改正によって，平成26年1月からは，新たな包括指定により指

注5）少年院仮退院者は，保護観察に付されるが，保護観察中に遵守しなければならない遵守事項を遵守しなかったと認められ，その情状や保護観察の実施状況等を考慮し，少年院に戻して処遇を行うことが必要かつ相当と判断されるときは，保護観察所の長の申出を経て，地方更生保護委員会が少年院送致の決定をした家庭裁判所に対し，少年院に戻して収容する旨の決定の申請をすることができる。申請を受理した家庭裁判所において審判を行い，その結果，少年院に戻して収容するか，申請を棄却するかの決定がなされる。

注6）昭和63年2月，少女2名を含む6名の非行少年グループがシンナーを吸引し，酩酊した状態で，名古屋市の大高緑地公園に駐車中の車内にいたアベックを鉄パイプや木刀で襲撃し，彼の前で彼女を凌辱した後，その場で彼を絞殺した挙げ句に，翌日，彼女も絞殺した。

注7）平成6年10月，シンナーパーティーで知り合った8名の20歳前後の若者が仲間の1人に暴行を加え，木曽川の河川敷で殺害した挙げ句に，翌日，このうちの6名がボーリング場で因縁を付けた見ず知らずの3人の若者を長良川の河川敷まで連行し，金属パイプや角材でめった打ちにして2人を殺害した。

定薬物の対象が拡大されるなどの取り締まりが強化されたほか，同年4月1日から指定薬物の所持や使用等についても処罰されるようになりました。

2　覚醒剤事犯者の様相

　覚醒剤が規制薬物であると知りながらも，乱用に至る動機は，人によって様々でしょうが，「気分を変えたい」という感情の揺れ動きがあることは，共通しています。それが怒りを鎮めるためだったり，寂しさを紛らわすためだったりするほか，生活が乱れ，食事を満足に取らなかったり，心身を酷使したりして疲れ果てている場合もあります。覚醒剤の乱用につながる危険な感情の揺れ動きは，「H. A. L. T」（はると）という略語で表現されます。Hは Hungry（空腹），Aは Angry（怒り），Lは Lonely（孤独），Tは Tired（疲れ）の頭文字ですが，その他に幸せを感じているときも，覚醒剤の乱用につながる危険性があると言われています。Hは Happy（幸福）の頭文字でもあるとされ，残念ながら，刑務所を出所したことに慢心し，「出所祝い」と称して覚せい剤を使用したり，あるいは，保護観察が終わり，開放感に浸るうちに，「これまで我慢したのだから，御褒美に一回だけ」という誘い文句が脳裏に浮かび，覚醒剤の密売人と連絡を取り，再使用に至ったりする事案も珍しくありません。

　ある女性の保護観察付執行猶予者は，覚醒剤を使用して錯乱状態に陥り，発作的にマンションの3階のベランダから飛び降り，頸椎を骨折する大けがを負いました。その後，重篤な後遺症のため，介護施設で生活する日々となりましたが，執行猶予期間の満了を迎える頃になって，介護施設を訪問した保護司が彼女に対し，「よくがんばったね。保護観察が終了したお祝いに何が欲しい？」と問いかけると，彼女は，真顔で，「こんなことを言うと怒られるけど，やっぱり，クスリが欲しい」と答え，保護司を唖然とさせました。覚醒剤の渇望の強さは，想像を絶するものがあると言わざるを得ません。

事例15

　Oさんは，61歳の男性です。大学を卒業した後，家業の食品卸売店を継ぎ，結婚し，2人の子どもにも恵まれます。38歳のとき，事業を拡大

し，複数の飲食店を手がけるようになりますが，これが芳しくなく，やがて多くの負債を抱え，行く末を案ずる状態に陥りました。49歳のとき，いわゆる「飲み友だち」に対し，思うようにならない事業の愚痴をこぼしたところ，「気分転換にいいものがあるよ」と言われ，覚醒剤を勧められるままに入手し，憂さ晴らしのため，10回ほど使用したところで逮捕され，裁判で懲役2年執行猶予4年の言渡しを受けました。執行猶予の間は，覚醒剤に手を出すことはありませんでしたが，執行猶予の期間が経過してから2年後，店舗等を売却し，事業を縮小したのにもかかわらず，なおも多額の負債を抱える状況に自暴自棄となり，覚醒剤の使用歴のある女性との交際を通じて覚醒剤を入手して，毎月10回程度の頻度で覚醒剤を使い続ける生活を2年ほど送るようになりました。57歳のとき，逮捕され，裁判で懲役1年10カ月の言渡しを受け，刑務所での服役を余儀なくされました。

　服役した刑務所では，特別改善指導（薬物依存離脱指導）を受けるとともに，介護ヘルパーの資格を取得し，およそ1カ月の刑期を残して仮釈放が許可され，妻のもとに帰り，保護観察に付されました。資格を生かすため，介護の仕事に就きましたが，想像した以上に重労働で，刑期が終了すると，重労働に対する憂さ晴らしのため，再び覚醒剤の使用歴のある女性を通じて覚醒剤を入手し，10回程度使用したところで，逮捕され，59歳のとき，懲役1年8カ月の言渡しを受け，再び刑務所に収容されてしまいました。二度目の刑務所でも特別改善指導（薬物依存離脱指導）を受けていましたが，ついに妻に愛想を尽かされ，離婚が成立し，これに伴い，弁護士を通じて資産を売却し，負債を整理しました。

　帰るところがなくなったＯさんは，更生保護施設への帰住を希望し，およそ2カ月の刑期を残して仮釈放が許可され（①覚醒剤の使用者等との接触禁止「覚せい剤などの規制薬物の使用者や密売人と一切接触しないこと。」，②就労の確保「就職活動を行い，又は仕事をすること。」，③無断外泊及び飲酒の禁止「更生保護施設の規則で禁じられた無断外泊及び飲酒をしないこと。」の条件《特別遵守事項》を設定），更生保護施設で自立を目指して生活する日々となりました。その後，協力雇用主である人材派遣会

社を通じて派遣先の工場で働く日々を重ねるとともに，国民年金等の未納金を納める手続きを行い，刑期が終了後も更生保護施設での生活を継続しました[注8]。出所して約半年後，十分な自立資金が蓄えられ，食品工場での正規雇用が決まったことから，更生保護施設を退所し，アパートに転居しました。刑期が終了してから4年を経過しましたが，再び刑務所に入所したという記録はありません。

　Oさんの場合，覚醒剤の乱用につながる感情の揺れ動きは，さしずめ，Angry（怒り）と考えられますが，借金を返済することに追われ，疲れ果てている様子も窺われ，Tired（疲れ）の一面もあったことでしょう。また，1人で悩みを抱え，飲み友だちに愚痴をこぼしたり，妻以外の女性と交際したりしているところを見ると，Lonely（孤独）の状態であったことも想像に難くありません。必ずしも感情は一色であるとは限らず，様々な感情が入り混じる場合もあります。いずれにせよ，二度目の受刑中において，妻と離婚することになったものの，これらの危険な状況を生み出していた根本的な原因である多額の負債が解消されことが悪循環を断ち切る契機となりました。Oさんは，従順な性格傾向を有していることもあって，更生保護施設での生活が生活再建の礎となり，順調に自立が図られましたが，生活が傾き，再び「H.A.L.T」の状況に陥ると，覚醒剤に手を出すという危険性が生じるのが薬物犯罪の怖いところです。再犯の危険性を自覚し，手堅く生活を立て直していくことが求められると言えるでしょう。

　そもそも覚醒剤にさえ手を出さなければ，警察，検察，裁判，刑務所，保護観察所などの刑事司法機関とは無縁であったであろうと思われる人たちが相当数いるのも事実です。芸能人やスポーツ選手がそうでしょうし，いわゆるバブル景気で沸いた頃，覚醒剤を使用した罪で保護観察付執行猶予者と

注8）保護観察中は更生保護施設等に委託保護すると，予算の範囲内で，宿泊費はもとより食事費も国費で支弁される。また，刑務所出所後，原則として6カ月を経過していなければ，刑期終了に伴い，保護観察に付された状態でなくなっても，本人の申出があれば，更生緊急保護の適用ができ，予算の範囲内で引き続き委託保護することができる。

なった人たちの中に長距離トラック運転手が多くいたことが思い出されます。ノルマを達成するため，寝る間も惜しんで高速道路を走行し，眠気と疲れを取るため，サービスエリアの駐車場でトラックを停車させて，車内で覚醒剤を注射するという事案が相次ぎました。これらの人のほとんどは，覚醒剤の乱用につながる危険な状況を避けさせることはもとより，依存程度に応じて治療的な関わりを継続させることで，立ち直りが期待できるものと思われます。

　一方，若年時から犯罪と縁が切れず，享楽的な生活習慣が定着し，ひたすら快楽を求め，覚醒剤に耽溺する場合は，かなり深刻です。

事例16

　46歳の男性であるPさんは，中学校を卒業すると，暴走族に加入し，集団暴走や盗みを繰り返しては，二度にわたる少年院での生活を経験しました。その後，暴力団に加入し，背中一面に入れ墨を施して暴力団の活動に加担するうちに，27歳のとき，銃砲刀剣類所持等取締法違反と逮捕監禁致傷の罪により，裁判で懲役2年の言渡しを受け，服役しました。受刑中に暴力団を離脱する決意を固め，仮釈放が許可されて父親のもとに帰りましたが，期間の満了に伴い，保護観察が終わると，再び徒遊生活に陥り，快楽を求めて覚醒剤に手を出すようになりました。

　29歳のとき，覚せい剤取締法違反により，懲役1年6カ月の言渡しを受け，二度目の受刑生活となりましたが，受刑態度が悪かったため，仮釈放の手続きがなされず，満期で釈放されました。その後も，覚醒剤を止めることができず，32歳のとき，覚せい剤取締法違反により懲役2年の言渡しを受け，三度目の受刑生活となりました。三度目の受刑で覚醒剤を止める決意を固め，仮釈放が許可されて父親のもとに帰りましたが，期間の満了に伴い，保護観察が終わると，徒遊生活に陥り，前回同様，覚醒剤に溺れるようになりました。

　34歳のとき，覚せい剤取締法違反により，懲役2年4カ月の言渡しを受け，四度目の受刑生活となりました。受刑態度が良く，仮釈放が許可されるも，さすがにPさんの家族も引き受けに難色を示し，更生保護施設に帰住することになりました。期間の満了に伴い，保護観察が終わり，更生

保護施設を退去した後は，友人宅を転々とし，再び覚醒剤を乱用する生活となりました。家族に金銭を無心することができなくなったことから，覚醒剤を購入する金銭を得るため，盗みを繰り返し，37歳のとき，窃盗の罪と覚せい剤取締法違反により，懲役4年の言渡しを受け，五度目の受刑生活となりました。

　五度目の受刑生活では，粗暴な言動を繰り返していたため，仮釈放の手続きがなされませんでした。満期で釈放されると，行く当てもなく，受刑仲間を通じて再び暴力団に出入りするようになるとともに，覚醒剤に溺れる生活に陥りました。この頃から幻覚の症状が出始め，ついには錯乱状態に至り，二階の窓から飛び降りる事故を起こし，病院に緊急搬送されました。搬送先の病院で骨盤等を骨折していることが判明し，長期間の入院生活を余儀なくされ，退院後，生活保護を受けて一人暮らしを始めるも，覚醒剤を乱用し続ける生活は，変わりませんでした。

　45歳のとき，覚せい剤取締法違反で逮捕され，懲役2年6カ月の言渡しを受け，六度目の受刑生活を迎えることになりました。Pさんは，六度目の受刑で覚醒剤精神病（後遺症）の診断を受けました。幻聴や不安感に襲われ，不眠の状態が続き，服薬が欠かせない状態となりました。思いどおりにならないと，不満を抱き，些細なことで粗暴な言動を爆発させる性格傾向が指摘され，他の受刑者との諍いを避けるため，刑務所においても大半を独居房で過ごさせるなどの特段の配慮を要する状態となってしまいました。

　Pさんは，就労経験がほとんどないことに加えて，覚醒剤の乱用を続けるうちに，六度目の受刑の際，ついに覚醒剤精神病（後遺症）と診断され，幻聴などの精神病の症状を抑える治療を要する状態となってしまいました。出所後は，自力で生活ができない上に，頼れる身寄りもないことから，生活保護の対象とならざるを得ませんが，Pさんが再び快楽を求めて覚醒剤に耽溺する生活に陥ることは，よほどのことがない限り，時間の問題のように思われます。Pさんの場合，覚醒剤に手を出さないことを自らの意志で制御でき

ない嗜癖（依存症）に加え，覚醒剤精神病（後遺症）という障害が伴い，予後が極めて厳しいと言わざるを得ません。

　Pさんのように，覚醒剤の依存傾向が深刻で，精神障害を伴う場合，再犯のおそれがないことを要件としている仮釈放が許可されることは期待できず，「精神保健及び精神障害者福祉に関する法律」（以下「精神保健福祉法」）第26条に基づく通報[注9]がなされた上で，満期で釈放される場合が想定されます。覚醒剤の乱用の罪で受刑を繰り返している者の相当数は，暴力組織の構成員など反社会的な傾向が顕著であったり，覚醒剤精神病を伴う深刻な状態であったりして再犯のおそれが大きいがゆえに，仮釈放の対象とならず，満期で釈放されているのが実情です。これまで塀の中での生活を強いられ，物理的に世間と遮断される中で，覚醒剤を手に入れることができなかっただけで，その気になれば，覚醒剤を入手できる自由な環境で断薬を続けることは，並々ならぬものがあると言えるでしょう。釈放と同時に規制薬物への渇望を閉じ込めていた蓋が開くが如く，覚醒剤の再使用に至っている例も少なくはありません。地方更生保護委員会で仮釈放の審理に関わっていたとき，ある受刑者が「前回，仮釈（仮釈放）をもらいましたが，出所の時期が近づくと，毎日のように覚醒剤を打つ夢を見ていました。出所して，しばらくは我慢していましたが，2カ月も経つと，気が緩んでしまって，つい仲間の誘いに乗ってしまいました。せっかく仮釈をもらったのに，すみません」と詫びたことがありました。

　ところで，平成25年に刑法の一部が改正され，直近の5年間に受刑歴がないなどの一定の条件を満たす者について，言渡した刑の一部の執行を猶予することが可能となりました。これによって，実刑相当部分について服役した後，言渡した刑の一部について執行が猶予される運用が始まりました。加えて，執行猶予の期間中，保護観察に付するとされた場合は，実刑相当部分について仮釈放が許されるか否かに限らず，釈放後，保護観察が行われるこ

注9）矯正施設（拘置所，刑務所，少年刑務所，少年院，少年鑑別所及び婦人補導院）の長は，精神障害者又はその疑いのある収容者を釈放，退院又は退所させようとするときは，あらかじめ，本人の帰住地（帰住地がない場合は当該矯正施設の所在地）の都道府県知事に通報しなければならない。

とになりました。

　また，同年，**薬物使用等の罪を犯した者に対する刑の一部の執行猶予に関する法律**（平成25年法律第50号）（以下「薬物法」）が制定されました。これによって，薬物使用等の罪を犯した者については，たとえ，直近に受刑歴があったとしても，再犯を防ぐためには，刑事施設における処遇に引き続き社会内において規制薬物等に対する依存の改善に資する処遇を実施することが必要かつ相当であると認められるときは，言渡した刑の一部の執行が猶予されることも可能となりました。この場合，執行猶予の期間中，必ず保護観察に付されます。

事例17

　33歳の女性であるQさんは，覚せい剤取締法違反の罪により，裁判で懲役1年10カ月に処せられ，そのうち，4カ月の執行を2年間猶予し，保護観察に付するという言渡しを受けました。Qさんは，10代の頃からスナックで働き，交友関係が広がる中で，覚醒剤を乱用するようになりました。その後，結婚し，4人の子どもにも恵まれましたが，二度の受刑の経験がありながらも，覚醒剤の渇望を抑えることができず，二度目の刑務所を満期で釈放されてから，わずか1カ月足らずで，自ら知人に連絡を取り，覚醒剤を購入してしまいました。覚醒剤を使用したところ，幻聴に襲われ，錯乱状態になったことから，警察官が駆けつけ，逮捕され，裁判で今回の判決となりました。

　服役後，刑務所で特別改善指導（薬物依存離脱指導）を受け，自らの覚醒剤に対する渇望を認め，思うようにならない育児への不安や不満を抱いたときはもとより，夫と諍いをしたときが危険な状態であることを知り，出所後，精神病院で本格的に治療を受ける決意をしました。これを受け，保護観察所では，定期的に開催している薬物事犯者の家族会に夫を招き，家族としてQさんをどのように支えていくのかを学ぶ機会を提供する一方で，出所後の通院先の精神病院を調整しました。その結果，およそ2カ月の刑期を残して仮釈放が許可され（①専門的処遇プログラムの受講「薬物再乱用防止プログラムを受けること。」，②覚醒剤の使用者等との

接触禁止「覚せい剤などの規制薬物の使用者や密売人と一切接触しないこと。」，③就労の確保「就職活動を行い，又は仕事をすること。」の条件《特別遵守事項》を設定），夫と4人の子どもが待つ家族のもとに帰住しました。出所に先立ち，保護観察官がQさんの同意を得た上で，通院先の精神病院の初診の予約をしていたこともあって，円滑に同病院でSMARPP（スマープ）を集団で受けることができました。これを受け，保護観察所では，簡易薬物検出検査のみを実施する処遇体制となりました。実刑部分の期間が満了し，引き続き，執行猶予期間に移行して1年を経過しますが，毎月2回の頻度で保護司の面接を受け，夫が営む自営業の手伝いをする傍ら，保護観察官による通院等指示に基づき，精神病院でSMARPP（スマープ）を受講し続けています。毎月，保護観察所において実施される簡易薬物検出検査では，陽性反応が検出されたことはなく，前回は，出所後，わずか1カ月足らずで覚醒剤を使用した経緯を顧みると，相応の効果が表れていると言えるでしょう。

　覚醒剤の使用等の罪を犯しても，初犯であれば，執行猶予（全部猶予）の言渡しを受けるのが大半です。執行猶予の言渡しを受けた者のうち，執行猶予の期間（1年〜5年），保護観察に付されることもありますが，この場合は，裁判所が保護観察の必要性や相当性を考慮して個別に判断しています。
　執行猶予の期間中に覚醒剤を使用し，検挙されると，実刑に処せられ，執行猶予も取り消されます。例えば，再犯の罪について懲役1年6カ月が言い渡され，執行猶予が取り消された刑が懲役1年であるとすると，2年6カ月，これから未決勾留日数を差し引いた期間が執行されます。初めて服役する受刑者の大半は，仮釈放が許可され，仮釈放に伴って実施される保護観察の期間も執行すべき刑期の長短によりますが，1年を超える場合もあります。これに対し，受刑を繰り返している累犯者と呼ばれる受刑者になると，満期釈放の事案が増え，たとえ，仮釈放が許可されたとしても，仮釈放に伴って実施される保護観察の期間が半年を超えることは稀で，1カ月程度に留まる場合も珍しくありません。

このような現行の仮釈放の運用を踏まえると，とりわけ，覚醒剤をはじめとする薬物使用等の罪により受刑を繰り返している者については，そもそも仮釈放が許可される割合が少ない上に，仮釈放が許可されたとしても，仮釈放に伴って実施される保護観察の期間が短いというのが実情です。このため，公判廷において，治療的な動機づけが十分になされ，治療に専念できる具体的な環境が整えられると認められる場合であれば，薬物法による一部猶予の言渡しを選択し，刑事施設における処遇に引き続き，一定の期間，保護観察に付されることの意義は，大きいと思われます。

　仮釈放者または保護観察付一部執行猶予者のうち，特別遵守事項で「薬物再乱用防止プログラムを受けること」が定められている場合は，出所後，2週間に1回の頻度で保護観察所に出頭し，5課程からなる**薬物再乱用防止プログラム**におけるコアプログラムを受講しなければならないことに加えて（ただし，Qさんのように，SMARPP（スマープ）またはこれと同様の理論的基盤を有する回復プログラムを医療機関等で受けている場合は，その受講が延期されます），コアプログラムの修了後は，毎月1回の頻度で保護観察所に出頭し，同プログラムにおけるステップアッププログラムを受講し続けることが義務づけられています。いずれの場合も，保護観察所に出頭した際，覚醒剤などの規制薬物に手を出していないことを証明するため，**簡易薬物検出検査**が行われます。簡易薬物検出検査の検体は，主に尿ですが，唾液を検体とする検査器具もあります。同検査の目的は，取締りではなく，規制薬物の乱用への渇望に晒されているだろう保護観察対象者に対し，「定期的に検査があるので，規制薬物の乱用はできない」と思わせることで規制薬物に手を出せない環境を意図的に作らせるとともに，検査結果を通じて規制薬物の乱用と縁のない生活を継続していることを確認し，乱用を止め続ける動機づけを強化しようとするものです。通常，判定は，面接室において当該保護観察対象者の面前で保護観察官が行います。検体から規制薬物の成分が検出されなかった場合は，「陰性」と判定されますが，その場合，保護観察官は，その結果を当然と見るべきではなく，「検体から規制薬物の成分は検出されませんでした。引き続き，規制薬物と縁のない生活を続けましょう」と言って規制薬物に手を出していないことを評価した上で，規制薬物と縁のない生

活をどのようにして営んでいるのかについて，真摯な気持ちで彼ら彼女らの言葉に耳を傾けます。

　一方，検体から規制薬物の成分が検出され，「陽性」の判定をした場合は，判定結果を粛々と告げた上で，保護観察所の所在地を管轄する警察署で鑑定を受けることを勧めます。この段階で，規制薬物を使用したことを自白する者と「身に覚えがない」と訴える者とに大きく分けられますが，後者の場合であっても，本検査が簡易検査であることを踏まえ，警察署での鑑定を受けて白黒の決着をつける必要があることを粘り強く説得し，警察署への任意同行を求めるなどします。任意同行を拒否した場合は，当該保護観察対象者の住居地を管轄する警察署などに対し，その旨を通報することになります。

　特別遵守事項で「薬物再乱用防止プログラムを受けること。」が定められている保護観察対象者が正当な理由がなく，これを欠席した場合は，すでに覚醒剤に手を出している危険性があることを踏まえ，深刻に受け止めなければなりません。直ちに当該保護観察対象者に対し，事情聴取を行い，覚醒剤の乱用に至っていないことが確認されれば，無断欠席を厳重に注意し，プログラムを再開させます。しかし，欠席を繰り返す事態に至ると，悲観せざるを得ません。

　保護観察付全部猶予者である夏男さん（仮名，30歳）は，薬物再乱用防止プログラムを初回から欠席し，何かと理由をつけて保護観察所に出頭しない状態が続いたことから，裁判官から引致状の発付を受け，警察官の協力を得て，複数の保護観察官と共に夏男さんの住居に踏み込みました。彼の部屋に入ると，乱雑に散らかったテーブルの上にモニターが置いてありました。引致状の告知の際には，彼がモニターを指さしながら，「玄関先に監視カメラを取り付けているので，来るのがわかった。でも，何もしとらんよ。何で警察がおるの。都合がつけば，保護観察所に行くつもりやったのに，何でこんなことするんや」と抵抗する兆しが見られましたので，直ちに手錠をかけて保護観察所に連行し，事情聴取を経て拘置所に留置する手続きがとられました。後日，地方裁判所で執行猶予が取り消される決定がなされ，受刑者となりましたが，これと前後して，警察官が捜索差押許可状を執行し，夏男さんの部屋にあった覚醒剤を押収しました。夏男さんは，服役中に覚醒剤の所

持の容疑で逮捕され，裁判で覚せい剤取締法違反の罪により新たに実刑の判決を受けました。

　保護観察所で実施している薬物再乱用防止プログラムは，簡易薬物検出検査を伴っているので，夏男さんのように，最初から欠席する場合はもとより，日程の変更を願い出る場合も深刻に受け止めなければなりません。通常，尿を検体とする検査の場合，尿の中に覚醒剤の成分が検出されるのは，覚醒剤を使用してから4日程度と言われ[注10]，長期間にわたって多量の覚醒剤を乱用していない限り，1週間も経てば，陽性反応が出ないことは，覚醒剤乱用者の間で知られています。このため，保護観察所では，正当な理由がない限り，一度，設定した薬物再乱用防止プログラムの期日を変更することができないように運用されています。正当な理由として認められるのは，疾病，災害，親族の葬儀など不測の事態が生じた場合に限定され，例えば，疾病によって，欠席せざるを得ないときは，後日，医師の診断書等の疎明資料を提出させて免責する手続きをとることになります。

3　薬物依存の状態にある者に対する治療プログラム

　薬物依存の状態にある者が不眠，不安，抑うつ，幻聴，幻覚，妄想などの精神病の症状を有する場合，精神科医によって，それらの症状を抑える治療薬などが処方されますが，嗜癖（依存症）自体の治療となると，これを行う病院が限られてきます。

　薬物依存症の治療には，認知行動療法が有効とされ，認知行動療法を取り入れた治療プログラムが医療機関だけではなく，刑務所や保護観察所でも実施されています。代表的な治療プログラムがSMARPP（スマープ）ですが，これは，薬物依存症を心の病気と捉え，回復を支援するためのもので，医療機関における診療報酬の対象となっています。

　前述したとおり，覚醒剤の乱用に繋がる危険な感情の揺れ動きは，「H. A. L. T」（はると）という略語で表現されますが，Hungry（空腹），Happy（幸福），Angry（怒り），Lonely（孤独），Tired（疲れ）は，薬物の渇望を刺激

注10）井上堯子・田中謙『覚せい剤Q&A　捜査官のための化学ガイド』令文社，2001年。

する**内的なトリガー（引き金）**と呼ばれます。このほか，覚醒剤を使用していたときに常用していたコンビニエンスストアのトイレなどの特定の場所を見ると，薬物の渇望が生じるという者がいますが，薬物の渇望を刺激する場所，時間帯，人物，物などは，**外的なトリガー（引き金）**と表現されます。外的トリガーとして指摘されるものの一つがミネラルウォーターの入ったペットボトルです。これは，覚醒剤の常習者の大半が粉末状の覚醒剤をミネラルウォーターに溶かし，その水溶液を注射器で体内に入れるからであると考えられます。

　SMARPP（スマープ）では，薬物の渇望を刺激する内的・外的トリガー（引き金）を想起させた上で，これらによって生ずる行動や思考をそれぞれ**依存的行動，依存的思考**として特定させます。

　仮釈放中に覚醒剤を使用した秋男さん（仮名，43歳）は，遵守事項の違反（再犯）に至る経緯を次のように供述しています。

　「出所して実家に戻りましたが，3日後に母と姉から，仕事が決まらず，家にいることでなじられ，喧嘩をしてしまいました。『こんなところにいられるか』と腹を立て，行くあてもなく家を飛び出してしまいました。そうなると，友人を頼るしかありません。友人と言っても，覚醒剤の使用歴のある悪友です。名前は言いたくありませんが，その友人の運転する自動車の助手席に乗り込み，しばらくして憂さ晴らしをしたいと思い，『シャブ（覚醒剤）持っていないか』と聞いてみました。すると，友人は，『持っているよ』と言って，運転席側にあるコンソールボックスから白い結晶が入ったビニール袋と新品の注射器を私に差し出しました。

　私は，その白い結晶を見た途端，『久し振りにシャブをやれる』と思い，ぞくぞくするような感覚が全身に走りました。同時に刑務所を出所したばかりなのに，同じことをやってしまうことに罪悪感を抱きました。しかし，いざ，現物を手にすると，もう我慢はできませんでした。『まあ，一度くらいだけならいいか』，『これで最後にすればいい』と頭の中で言い訳をして，自分の気持ちに折り合いを付けると，不思議に罪悪感も薄れていきました。（略）

シャブを自分の身体に入れると，見事に決まりました。体中に力がみ
なぎり，さっきまでの憂うつな気持ちが嘘のようでした。頭がすっきりし，
母や姉への怒りやこれからの不安が一度に吹っ飛びました。」

　この供述から見る限り，秋男さんの薬物の渇望を刺激した内的トリガー（引
き金）は，Angry（怒り）でしょう。外的トリガー（引き金）は，覚醒剤の
使用歴のある悪友であったことは明らかです。Angry（怒り）が内的なトリ
ガーとなって，家出をし，覚醒剤の使用歴のある悪友に連絡を取り（依存的
行動），悪友が外的トリガーとなって，「シャブ（覚醒剤）持っていないか？」
と問いかけ（依存的行動），手にした覚醒剤を見て，「まあ，一度くらいだけ
ならいいか。これで最後にすればいい」と考え（依存的思考），ついに使
用に至っています。頭の中で「使いたい気持ち」と「止めたい気持ち」とが
対話する段階に達してしまうと，すでに手遅れなので，「家出をする」「覚醒
剤の使用歴のある悪友に連絡をとる」といった依存的行動を禁じ，怒りが生
じたときが覚醒剤の乱用につながる危険な状況であることを自覚させた上で，
どのように対処するのが賢明なのかをあらかじめ用意しておく必要がありま
す。このような再発防止計画を自分のものとし，実生活で実践することで薬
物と縁のない生活を再建していくことが求められます。
　薬物依存の状態にある者を受け入れている多くの医療機関では，アルコー
ルや薬物に依存する患者を集め，小集団を形成した上で，ワークブックなど
を使用した治療プログラムを実施しています。

4　当事者による支援
　アルコールやギャンブルなどに依存している者と同様，薬物依存の状態に
ある者もまた当事者同士で支援し合うことが有効であると言われています。
当事者同士が共同生活を送るダルク（DARC）が代表例です。
　ダルク（DARC）は，**D**rug **A**ddiction **R**ehabilitation **C**enter の頭文字を取っ
た団体で，自身が薬物依存の状態にあった近藤恒男さんが 1986 年に設立し，
全国に広がっています。毎日のミーティングを通じて薬物に対する渇望や生
き辛さなどを赤裸々に語り合い，仲間の力を借りて「Just for today（今日

一日）」を合言葉に薬物を使わない日々を積み重ねることで，回復を目指しています。私自身，あるダルクのミーティングに参加したことがありますが，めいめいがソファに座り，くつろぎながら，脳裏に浮かんだことを順番に話していた様子が印象に残っています。話したことに誰かが反応するわけでもなく，ありとあらゆるものを受け入れる不思議な空間が広がり，当事者でないのに，いきなり参加しても構えることなく率直な思いを吐露できるのが不思議でした。運営者の意向や入所者の特性などによって，ダルクごとに多少なりとも色合いが違うものの，どの施設においても寝食を共にしながら，回復に向けてのプログラムを用意した上で，これを実践しています。

　岐阜ダルクの例を紹介しましょう。岐阜ダルクは，平成16年10月に開所し，平成20年5月には，NPO法人となりました。その後，平成25年4月に女性を入所対象とする女性ハウスをも設置し，男性のみならず，女性も積極的に受け入れ，多くの者を回復へと導いています。岐阜ダルクの施設長である遠山香さんによると，午前中は，施設内で「自分の過去がどうであって，今はどうであるか」を正直に話し合うミーティングを行い，午後は，美しい景観が織り成す長良川の川岸をランニングすることで身体の健康を取り戻し，さらに夜間は，各地域で行われるNAが主催するミーティングに参加するというプログラムを365日休みなく実践することで，これまでの生き方に変わる新しい生き方を見出すことができるとのことです。岐阜ダルクでは，回復した経験を踏まえ，薬物依存の状態にある者やその家族からの電話相談のほか，刑務所で実施されている改善指導に対する協力なども積極的に行っています。

　また，ダルクに身を置いた状態で保護観察を受けている者も珍しくはありません。刑務所から仮釈放を許可された冬男さん（仮名，29歳）は，親もとに帰住した後，保護観察所で専門的処遇プログラムを受けながら，ダルクに通所し続けました。期間が満了し，保護観察が終わった後も，ダルクの一員としての日々を送っていましたので，小中学生を対象として保護司らが行う薬物乱用防止教育の教材を作成するに当たり，次の問答のとおり自らの体験を赤裸々に語るという協力をしてくれました。

問：覚醒剤を乱用するようになったきっかけは何でしたか。

答：自分はシンナーから覚醒剤へとはまって行きました。シンナーは，中3の5月頃に吸ったのが最初です。中3になると，ほとんど学校に行かず，いつも一緒にいた先輩がシンナーを吸っていたので，自分もまねするようになりました。その先輩は，シンナーを吸うと，瞳が大きくなり，ぱっちり二重になって，格好良くなるので，自分も吸おうと思うようになりました。ペットボトルに入ったシンナー500ccを2,000円で買い，350ccのアルミ缶に移し替え，これを咥えてシンナーを吸うようになりました。シンナーを吸い始めてから2週間ほどで毎日吸うようになりました。いつも午後9時頃から吸い始め，途中で記憶をなくし，気がついたら，朝になっていたという日々が続きました。中3の夏になると，その先輩が覚醒剤に手を出し，自分も寝ている間に右腕に注射されました。それからというもの，覚醒剤や注射器を先輩からもらっては，先輩の家や自宅で，耳かき2杯分の覚醒剤の粉末を注射器に入れ，水に溶かし，腕に注射するようになりました。

問：その後は？

答：18歳になり，解体の仕事を始めると，覚醒剤の売人から1パケ1万円で買うようになりました。1パケで注射8回分くらいです。この頃から，1日3〜4回くらいの間隔で覚醒剤を注射するようになりました。覚醒剤にはまると，力仕事ができなくなりました。お金に困ると，車上狙いをするようになりました。駐車してある自動車のドアにサシガネを入れ，ロックを解除し，ドアを開け，財布などを盗んだりしていました。

　また，当時，交際していた女性がキャバクラに勤めていたこともあって，彼女の紹介でホストをするようになりました。ホストの給料は，月収が20万円くらいですが，顧客からも20万円くらいの小遣いをもらっていました。求められれば，体の付き合いもしました。

　22歳のとき，覚醒剤を注射しようと思い，ショッピングセンターの女子トイレに間違って入ったところ，騒がれてしまい，逃げました。このとき，顔と自動車を見られたようで，半年後に警察官の職務質問に遭い，尿検査で陽性反応が出たことで逮捕されました。

問：初めての裁判のときの心境は？

答：法廷では「覚醒剤をやめます」と証言しましたが，内心は，「出たら，またやろう」と思っていました。判決は，懲役1年8カ月執行猶予4年（建造物侵入，覚せい剤取締法違反，軽犯罪法違反）。言渡しの翌日，親に精神病院に連れて行かれましたが，「また来てください」と言われ，遠いし，面倒くさかったので，それきりになりました。病院に連れて行かれた次の日，携帯電話にクスリの仲間から連絡が入り，「出てきたんだって。お祝いやろう！」と誘われ，誘われるまま，ショピングセンターの駐車場で覚醒剤を注射しました。その友だちから売人の電話番号を教えてもらい，覚醒剤を買い求めるようになりました。毎日3～4回ほど覚醒剤を使用する日々が続き，覚醒剤を買うため，車上狙いをしたり，ホストクラブで働いたりしていましたが，半年後，自宅に警察官が来て逮捕されてしまいました。

問：2回目の裁判を受けてからは，どのように過ごしていましたか。

答：2回目の裁判の判決は，懲役1年6カ月（覚せい剤取締法違反）でした。執行猶予の取消し刑と合わせると，3年くらい刑務所で服役することになりました。さすがに落ち込み，覚醒剤を止めたいと思うようになりました。受刑中，ダルクのスタッフの話を聞く機会がありました。ダルクのスタッフの話に興味を持ち，「これなら，止められるかもしれない。出たら，行ってみよう」と考えるようになりました。仮釈放を決める委員面接のときは，「止めたい」という気持ちと「やりたい」という気持ちとが半々でしたが，出所が近づくと，「本当に止められるのかなぁ」という不安な気持ちが次第に強くなっていきました。仮釈放で出所した翌日にダルクに行きました。

問：ダルクでの生活の様子を教えてください。

答：午前中は，ミーティングで，午後は，仲間と一緒にジョギングをして過ごし，夜は，NAのミーティングに参加しています。自分は，話を聞くのもするのも好きなので，ミーティングは楽しみの1つです。毎日，運動をしているので，ごはんがおいしく食べられるようになったし，出所して2年半ほど経ちますが，規則正しい生活が送れています。もちろん，覚醒剤にも手を出していません。家族とも普通に話せるようになりました。親からは，別人のように目つきが穏やかになったと言われます。悪い仲間との

縁が切れたのも大きく，ダルクに繋がらなかったら，多分，覚醒剤に手を出していたと思います。

問：覚醒剤を使用して幻聴などの異常な精神状態を経験しましたか。

答：覚醒剤の快感に溺れているうちに，ドラム缶やゴミ集積所にあるごみ袋が人に見えるようになりました。腕の傷跡がゲジゲジという虫が這っているように見え，かきむしって血だらけになったり，赤い絨毯がミミズだらけに見えたりもしました。

　井戸端会議をしているおばさんが自分の悪口を言っているように聞こえ，いつも誰かにつけ狙われている感じがしていました。

　覚醒剤が切れると，眠くなり，24時間泥のように眠りました。目を覚ますと，一日飛んでいることに気づくことが数え切れないほどありました。

問：改めて振り返って，今，どんなことを思いますか。

答：今思うと，真面目が一番。中学生の頃，タバコを吸う先輩の仕草に憧れ，それからずっと，「ワル」が格好良いと思っていたけど，それが大きな間違いであることに気がつきました。覚醒剤に手を出し，お金を遣い込んだり，盗みをしたりするうちに，真面目な友人が1人もいなくなったし，家族の信用もなくしました。大事な青春時代を塀の中で過ごしたことが悔やまれます。

　冬男さんは，ダルクに通所する生活を1年余り続けた後に，徐々に仕事を始め，その後，結婚して親もとの近くでアパートを借り，土木・建設関係の仕事に就いています。二度目の受刑からすでに8年を経過した今日でも，ダルクの代表のところに消息を伝える連絡をくれているとのことです。

　薬物依存の状態にある者は，仲間の影響を受けやすいという傾向が顕著で，得てして「皆でやれば，怖くない」というベクトルが働きがちですが，これを逆手にしてベクトルを逆方向に転回し，仲間の力を借りて止め続けるという運動原理を日常生活で体現しているのがダルク（DARC）と言えるでしょう。ここでは，薬物依存症を克服した仲間がたくさんいるという希望の下，薬物を使わずに生きているという生身の見本（サンプル）を目前に提示された上で，ちょっとした出来事が渇望の引き金となることを自覚しながら，

「Just for today（今日一日）」を合言葉に薬物を使わない日々を積み重ねては，薬物の使用に代わって打ち込めるものを見つけようとしています。薬物依存症を克服した者の多くは，自らの依存傾向を健全なものに振り替え，これを生きがいとすることで魅力的な人生を送っていますが，そうなるまでの道のりは，長く，険しく，薬物と縁のない生活習慣を身に付けるまでには，3年ないし5年はかかるとも言われています^{注11)}。

第2節　性犯罪

　性犯罪は，暴行または脅迫を伴うものか否かで大きく分けられます。暴行または脅迫を伴うものとしては，強制性交等（強姦），強制わいせつ，わいせつ目的略取・誘拐などが挙げられます。これに対し，暴行または脅迫を伴わないものとしては，公然わいせつ，わいせつ物頒布，窃盗（下着），淫行（青少年保護育成条例違反），児童への性行為（児童福祉法違反）（児童買春，児童ポルノに係る行為等の規制及び処罰並びに児童の保護等に関する法律違反），覗き（軽犯罪法違反），盗撮，痴漢（迷惑防止条例違反）などが該当します。

　性犯罪は，被害に遭った女性が泣き寝入りする場合も多く，例えば，強制性交等（強姦，準強姦，準強制性交等および監護性交等を含む）の認知件数は，1,405件（令和元年）ですが，性犯罪の場合，被害申告率が13.3%という調査結果^{注12)}から明らかなように，暗数を入れると，その5倍から10倍になるとも言われています。このため，被害者が声を上げないと，加害者は，味をしめ，次から次へと性犯罪が繰り返されるばかりか，覗きから強制わいせつ，強制わいせつから強制性交等（強姦）へと過激になっていく例も珍しくはありません。

　また，被害者から見ると，精神的な打撃は測り知れず，PTSD（心的外傷後ストレス障害）^{注13)}の状態に陥り，精神病院への入院を余儀なくされたり，極度に男性を怖がるようになって未婚のまま一生を過ごしたりする人も少な

注11）福井進・小沼杏坪編『薬物依存症ハンドブック』金剛出版，1996年，74頁。
注12）平成20年版「犯罪白書」法務省法務総合研究所，2008年，189～190頁。

くありません。とりわけ，強制性交等（強姦）の被害は，女性にとっては，極めて深刻なもので，平成29年，刑法の一部が改正され，強姦罪が強制性交等罪へと名称が変更されるとともに，罰則が厳しくなるなどの大幅な変更がなされました。性犯罪の撲滅に向け，取締りを強化した上で，性犯罪を繰り返す者に対しては，再犯を防止するための手立てが求められています。

法務省では，平成16年11月に奈良県内で発生した女児誘拐殺人事件[注14]を受け，平成18年度から刑務所と保護観察所で**性犯罪者処遇プログラム**が実施されるようになりました。

事例18

35歳の男性であるRさんは，強姦，強盗の罪により，裁判で懲役5年6カ月の言渡しを受け，刑務所で服役後，およそ4カ月の刑期を残して仮出獄[注15]が許可され，母親のもとに帰り，保護観察に付されました。

犯行当時29歳であったRさんの起こした事件の概要は，友人1名と共謀し，午後11時頃，通行中の20代の女性に対し，ナイフを突き付けて畏怖させ，駐車場まで連行して順番に強姦した上で，さらに現金2万円の入った財布を奪ったというものでした。保護観察所において5課程からなる性犯罪者処遇プログラム（図9参照）を受け，事件当時の状況を次のように振り返りました。

「5年前に妻と結婚し，2人の子どもにも恵まれ，夫婦仲も良かったのですが，妻の実家が近いこともあって，週末になると，妻が2人の子ど

注13）Post Traumatic Stress Disorder の頭文字を取っているもので，生命の危険に晒されるなどの強烈な恐怖を体験した後に生じる疾患。悪夢などの再体験症状，その出来事を連想させる場所や行動を避ける回避症状，不眠などの過覚醒症状などが見られる。これらの症状が1カ月以上，持続し，生活上の支障を来す場合に診断される。

注14）平成16年11月，小学校1年生の女子児童が下校途中に拉致され，女子児童が所有する携帯電話から母親の携帯電話に「娘はもらった」というメールと画像を送りつけられ，翌日，女子児童が水死体で発見された。その後，父親の携帯電話に「今度は妹をもらう」というメールが送りつけられた。同年12月，犯人が逮捕されたが，これまでにも小児わいせつの犯罪を繰り返し，保護観察歴や受刑歴があった。

注15）平成17年に刑事施設及び受刑者の処遇等に関する法律の制定に伴い，刑法が改正されるまでは，刑務所からの仮釈放を仮出獄と呼んでいた。

図9　性犯罪者処遇プログラム（模擬場面）

もを連れて里帰りしてしまい，寂しい気持ちでいました。自分は，30分
でも1人ではいられない寂しがり屋で，週末は暇を持て余していました。
妻とは再婚ですが，初婚のときに当時の妻が自分の職場の先輩と男女の
関係となったのが原因で離婚したこともあって，それ以来，男というのは，
1人の女性だけでなく，いろんな女性と関係を結ばないといけないと思う
ようになりました。再婚後も妻が家を空ける度に，妻に隠れて独身の仲間
と一緒に繁華街に行き，風俗店で遊んだり，ナンパ（行きずりの性交渉）
を繰り返したりするようになりました。そのうち，ナンパでは，金と時間
がかかるので，無理やりやってしまおうと考えるようになりました。とい
うのは，アダルトビデオのレイプシーンを見ているうちに，自分たちでも
できそうだという話になり，ナイフを用意してアダルトビデオのまねをし
てみました。深夜，1人で歩いている好みの女性を物色し，人気のないと
ころまで尾行し，背後から襲いました。激しく抵抗されることもなく，『こ
んなものか。ナンパと大して変わらないな』と思いました。これに味をしめ，
レイプを繰り返すようになりました。レイプをした後，財布が目に留まる
と，『これ，もらっておくよ』と言って，財布を奪い取るようになりました。
当時は，罪の意識がなく，妻にばれなければいいぐらいにしか思っていま

せんでした。深夜に1人で歩いている女は，男と遊んでいるのだから，多少，強引にやっても大丈夫だろうし，隙がある女が悪いんだと軽く見ていました。約半年間に記憶があるだけでも7回くらいレイプをしたと思います。取調べでは，記憶のある限りと正直に話しましたが，被害届が出されていたのが逮捕された事件だけでした。逮捕されなかったら，レイプを続けていたと思います。逮捕後，想像した以上に被害者が傷ついていることを知り，弁護士を通じて慰謝料を支払いましたが，今は，申し訳ない気持ちで一杯です。私自身も妻と離婚し，子どもとも離れ離れの人生となり，刑務所では，取り返しのつかないことをしてしまったと後悔する毎日でした。」

　性犯罪の多くは，繰り返し現れる認知，感情，行動が循環することで発生しています。保護観察所において実施されている性犯罪者処遇プログラムでは，これらは，**①日常的な出来事→②ためこみ→③引き金→④実行→⑤実行後の状態（自分への言い聞かせ）**からなるサイクル図（図10参照）として表現され，このサイクル図を基本モデルとして，性犯罪に至る周期（サイクル）を理解させます。

　Rさんの証言から，「週末になると，妻が2人の子どもを連れて里帰りしてしまい，寂しい気持ちを抱きながら，独身の仲間と一緒に繁華街に行き，風俗店で遊んだり，ナンパ（行きずりの性交渉）を繰り返したりするようになる。アダルトビデオのレイプシーンを見る」（**①日常的な出来事**），「ナンパでは，金と時間がかかるので，無理やりやってしまおうと考える」（**②ためこみ**），「深夜，好みの女性を見かける」（**③引き金**），「好みの女性を人気のないところまで尾行し，背後から襲う」（**④実行**），「激しく抵抗しなかったので，訴えないだろうと考える」（**⑤実行後の状態**）というサイクル図が浮かび上がってきます。

　また，再発（再犯）に繋がる認知の歪みとして，「男というのは，1人の女性だけでなく，いろんな女性と関係を結ばないと損である」，「深夜に1人で歩いている女は，男と遊んでいるのだから，多少，強引にやっても大丈夫だろう」，「隙がある女が悪い」，「激しく抵抗しないのは，嫌がっていないか

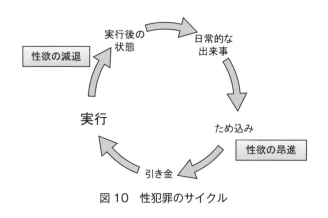

実行後の
状態

日常的な
出来事

性欲の減退

実行

ため込み

性欲の昂進

引き金

図10　性犯罪のサイクル

らだ」などが指摘できます。

　性犯罪の中でも，強制性交等（強姦）の場合，意のままにならない女性を支配したいという原動力が根底にあると言われています。Ｒさんの場合，初婚のときから妻と自分の職場の先輩の双方に裏切られた心の傷を癒そうとして不特定多数の女性と性的関係を結ぶようになりましたが，再婚後も週末になると，自分を置き去りにして実家に帰ってしまう妻に対する無力感が再び女遊びへと向かわせ，その結果，強姦に至っています。再発（再犯）に繋がる認知の歪みに気づいたら，これを修正させることに焦点を置きつつ，少なくとも，再発（再犯）に繋がる認知を持ち続けていることは，危険であるという自覚を喚起させなければなりません。認知の歪みを修正させるに当たっては，当事者同士で指摘し合わせるというのが有効であると言われ，保護観察所においても集団処遇を積極的に取り入れています。

　性犯罪に至る周期（サイクル）が理解できたら，今度は，そこから脱出する方法を実践させます。Ｒさんの場合，女遊びをする友人との交際を絶ち，レイプシーンのあるアダルトビデオを視聴する習慣を改め，休日は，趣味の陶芸教室に通い，寂しさを感じたら，家庭を持つ健全な友人に連絡するという再発防止計画を策定し，これを実生活に反映し始めました。もっとも，人生は，計画どおり進むほど甘くないので，深夜，寂しい気持ちを抱きながら，繁華街で女性を物色する状況に陥ることもあり得ます。そのようなときは，

直ちに行動を中止し，その場から立ち去る術（すべ）をあらかじめ用意して置かなければなりません。Rさんの場合，危険な流れを変えるため，コンビニエンスストアに駆け込み，冷たい飲み物を飲み干し（**タイムアウト法**[注16]），面会に来てくれた母親のことを思い出しながら，「母親を悲しませるな」と自分に言い聞かせる（**セルフトーク法**[注17]）術を用意しました。その上で，携帯電話で母親や自分を支えてくれる友人と話し，寂しい気持ちを紛らわす（**刺激コントロール法**[注18]）という作戦を練りました。幸いにも保護観察を受けている間は，これらを活用する事態には陥りませんでしたが，繰り返し何度も練習してみるという用意周到さがなければ，いざというときに有効でないというのは，災害時の避難訓練の場合と一緒です。

　保護観察所で実施される性犯罪者処遇プログラムでは，被害者の心の傷を正しく理解させるため，性犯罪の被害に遭った女性の手記（教材）を読ませるなどします。ここで，Rさんは，被害者が激しく抵抗しなかったのは，殺されるかもしれないという恐怖のあまり，身体が凍り付いた状態にあったからだということを思い知らされました。これを受け，Rさんに対し，被害者に向けて自らの思いを書面に綴る課題に取り組ませたところ，「何の恨みも落ち度もないあなたに対し，想像もできないほどの恐怖，苦痛，心の傷を与えてしまいました。（略）どれほどお詫びしても，許してもらえないと思いますが，自分の犯した罪を一生背負っていくつもりでいます。本当に申し訳ありませんでした」との記載がありました。

　Rさんは，母親のもとでトラック運転手として働く傍ら，不良交友を絶ち，休日には陶芸教室に通う生活を実践し，期間満了を迎え，保護観察が終わりました。それから5年を経過しますが，再び刑務所に入所したという記録は

注16）望ましくない行動を減らすために用いられる行動療法の1つ。問題行動が起きたときに，一時的にその場から引き離し，問題行動を強化する刺激から遠ざける。バレーボールの試合で，劣勢になると，監督がタイムを取り，選手を集め，一呼吸置くことで，その後の流れが変わることが多いが，このように，意図的に場面を変える方法。

注17）行動を制御する「決まり文句」になるような短いフレーズを用意し，これを声に出して唱えるなどして危険な場面を切り抜ける方法。

注18）渇望を生み出す刺激に対し，条件反射を絶つため，「代わりに○○する」という代替行為を実践するもの。

ありません。

　性犯罪の多くは，単に性欲を満たすだけでなく，抑圧されているうっぷんを弱い立場にある女性を対象にして発散する性質があるとも言え，女性を見下し，獲物を追い求め，暴力で女性を思いのままにすることに強烈な快感を得ている者も少なくありません。最近，「ガールハント」という言葉は，ほとんど使用されませんが，街頭（ストリート）に限らず，SNS上で獲物を探し，言葉巧みに誘い出すというハンティング行為に耽る者も増えています。女性が夜道を1人で歩くことは危険ですが，深夜，女性が1人で自動車を運転して帰宅するのも注意を要します。駅近くの駐車場付近で張り込み，自動車に乗り込む女性を物色し，襲う場所を想定した上，狙いを付けた女性の運転する自動車に追尾し，自らが運転する自動車を女性の運転する自動車に横づけして停車させ，女性を自分の車内に連れ込み，強制性交等（強姦）や強制わいせつに至る例も散見されます。

　また，一人暮らしをしている女性について，例えば，夏場はベランダ側のサッシを開けて就寝しているという類いの情報を入手しては，深夜，女性の居宅に忍び込む例も少なくありません。性犯罪者の大半は，実行に至るまでの計画段階に時間をかけることを厭わず，むしろ，計画段階で空想に耽ることを楽しむ傾向にあります。

　性犯罪者が社会復帰するに当たり，最も重要なことは，彼らを無害化することです。性犯罪の対象となるのは，弱い立場にある女性や無防備な児童です。しかも，被害者の受ける深刻な打撃を考えると，性犯罪を起こした者の再発（再犯）の危険性が高くなったときには，警察と連携をとることが優先されます。とりわけ，13歳未満の者を対象にした性犯罪者が刑務所から出所したときは，警察の監視の対象となっていますが，性犯罪に至らせない環境を作ることも必要です。強制性交等（強姦）の被害に遭った女性の中には，事件後，抑うつ状態に陥り，しばらくして自ら命を絶つという筆舌に尽くし難い悲惨な例もあります。性犯罪の被害に遭った女性の大半は，想像を絶するほどの悲しみや苦しみに覆われていることを知らなければなりません。

　25 歳の男性である S さんは，和食料理の調理人として勤勉に働いていました。一方で，職場は，師弟関係が厳しく，上司や先輩からの激しい叱責を受けるなどして，うっぷんが溜まると，パソコンを使用して，痴漢やレイプを題材としたアダルトゲームに深夜まで夢中になるという生活を送っていました。交際相手がいた頃は，空想と現実とを切り分けられていましたが，交際相手との関係が破綻すると，性的な欲求不満が高じ，これを解消するため，深夜，通い慣れた駅で好みの女性を物色するようになりました。好みの女性に目をつけると，人気のないところまで尾行して背後からスカートを捲り上げて下着の中に手を入れ，臀部を触るという痴漢行為を繰り返すようになりました。その結果，S さんは，警ら中の警察官に現行犯逮捕され，強制わいせつの罪により，裁判で保護観察付執行猶予（懲役 1 年 6 カ月・執行猶予 3 年間）の言渡しを受けました。

　保護観察所で保護観察官による面接がなされ，S さんは，両親のもとで居住することを届け出た上で，①専門的処遇プログラムの受講「性犯罪者処遇プログラムを受講すること。」，②つきまとい行為の禁止「他人の身辺につきまとわないこと。」の条件（特別遵守事項）が定められ，毎月 2 回の頻度で行われる保護司との面接のほか，保護観察所において 5 課程からなる性犯罪者処遇プログラムを受けることになりました。

　S さんの場合，「職場の上司に叱られたうっぷんを晴らすため，パソコンを使用し，深夜まで痴漢やレイプを題材としたアダルトゲームに興じる」（①**日常的な出来事**），「痴漢行為をする空想に耽り，興奮を覚え，実際にやってみようと考える」（②**ためこみ**），「深夜，駅前で好みの女性を見かける」（③**引き金**），「好みの女性を人気のないところまで尾行し，背後から襲う」（④**実行**），「達成感を覚え，またやろうと考える」（⑤**実行後の状態**）という周期（サイクル）が浮かび上がるとともに，「痴漢やレイプは空想するだけなら，問題がない」，「痴漢くらいなら，ゲームと同じ。被害者も傷つかないだろう」などといった再発（再犯）に繋がる認知の歪みがあることが明らかになりました。

　性犯罪者処遇プログラムを受け，S さんは，痴漢行為やレイプを空想す

ることの危険性を理解し，アダルトゲームに興じる生活習慣を改め，うっ
ぷんが溜まったときは，兄や友人に電話し，愚痴を聞いてもらうようにし
ました（刺激コントロール法）。加えて，深夜，若い女性を見かけたときは，
反対方向に歩くなどして，その場から立ち去る（タイムアウト法）習慣を
身につけました。

　もともと勤労意欲もあって，家庭環境も交友関係も問題のないＳさん
は，再び調理人として働き始め，保護観察官や保護司による定期的な面接
において，再発防止計画に沿った生活が営まれていることを点検し続けた
結果，保護観察に付されてから１年６カ月経過後，地方更生保護委員会
の決定によって保護観察が仮に解除されました。

　その後，４年を経過しましたが，Ｓさんが実刑に処せられたり，再び保
護観察に付されたりしたという記録はありません。

　不良仲間と行動を共にするうちに，犯罪の手口を学び取ることは，昔から
ありましたが，近年では，身近に不良仲間がいなくとも，インターネットを
通じてアダルト動画に接するうちに，大きな影響を受け，大胆な性犯罪に至
る例が散見されます。アダルト動画が架空のものであったとしても，これに
長時間，接しているうちに，空想と現実の境界線があいまいとなってしまう
ようです。カナダの心理学者であるバンデューラらは，攻撃的なモデルを見
せられた子どもたちが攻撃的な行動をとるという実験結果[注19]を基に，観察
学習（モデリング）の重要性を提唱していますが，とりわけ，性に多大な興
味と関心を持つ青少年にとって，アダルト動画の影響は計り知れないものが
あると言えます。しかも，スマートフォンの普及によって，いつでも，どこ
でも，アダルト動画を視聴することができ，駅構内で痴漢行為のシーンを見
て興奮した状態で満員電車に乗り込み，アダルト動画をまねて痴漢行為に及

注19）幼稚園児を集め，等身大のプラスティック人形を殴ったり，蹴ったりする様子を
見せたグループとそうでないグループに分けた後，遊んでいる幼稚園児たちから，おもちゃ
を取り上げて欲求不満の状態に置いたところ，前者に多くの攻撃的な反応が見られた。攻
撃的なシーンをビデオやアニメーションで見せた場合でも，同様の結果が得られた。

んでいる事案すらあります。最近では，真面目で大人しい学生が痴漢行為や盗撮行為で逮捕され，保護観察に付されるのも珍しくはありません。

　一方，少年時代から強姦を繰り返し，徒歩で帰宅途中の女性に声をかけ，断られると，力ずくで自動車内に引きずり込み，殴る蹴るの暴力を振るった挙げ句に強姦に至るという事件で二度の受刑を経験しながらも，女性を自らの性的な欲望の対象としか見ることができず，再び通行中の女性を襲い，刃物で殺害するという凶悪事件を起こして無期刑に処せられた者もいます。残念ながら，このような情性が欠如した女性の敵と言わざるを得ない者が社会の中に存在しているのもまた事実です[注20]。

　私自身が関与した性犯罪者処遇プログラムの受講者30人（仮釈放者または保護観察付執行猶予者）について，10年後の成り行きを追跡したところ，再犯をして受刑している者が8人いました（表2参照）。これを再発率として見なすと，26.6％という数字になりますが，総じて下着盗，痴漢行為，少女に対する淫行などが再発しやすい傾向が窺われます。これらは，「わかっちゃいるけど，やめられない」という嗜癖（行為依存）の状態に陥っている可能性が示唆されます。

　ある男子大学生は，夜間，路上を1人で歩いている女性を見かけるや，すれ違いざまに痴漢行為を繰り返し，強制わいせつの罪により裁判で保護観察付執行猶予（懲役2年・執行猶予3年間）の言渡しを受けました。裁判の段階で自らが嗜癖（行為依存）の状態に陥っていることを自覚したこともあって，保護観察所における5課程からなる性犯罪者処遇プログラムを受け，その後，依存症の専門医のもとへの通院を重ています。保護観察に付されてから2年を経過しますが，治療の軌道に乗り，学業を中心とした堅実な生活が営まれています。

　このように，嗜癖（行為依存）の状態に陥っていると，生活再建だけでは不十分であることが多く，生活再建を視野に入れた上で，嗜癖そのものに対するきめ細かい手当てが求められます。

注20）英国では，再犯リスクの高い性犯罪者や暴力事犯者に対し，終身刑を含む長期間の拘禁刑が選択され得る（Criminal Justice Act 2003）。

表2　性犯罪処遇プログラム受講者の 10 年後の成り行き

事例番号	罪　　　名	種　　　別	再犯の有無	再犯の内容
1	強制わいせつ（痴漢行為）	仮釈放者	有	傷害
2	児童福祉法違反	仮釈放者	無	
3	強制わいせつ（痴漢行為）	保護観察付執行猶予者	無	
4	強姦	仮釈放者	無	
5	強制わいせつ（痴漢行為）	保護観察付執行猶予者	無	
6	強制わいせつ（痴漢行為）	仮釈放者	無	
7	窃盗（下着）	保護観察付執行猶予者	無	
8	強姦，器物損壊	仮釈放者	無	
9	窃盗（下着）	仮釈放者	無	
10	強姦致傷	仮釈放者	無	
11	強制わいせつ	保護観察付執行猶予者	無	
12	児童福祉法違反	保護観察付執行猶予者	有	児童福祉法違反
13	準強制わいせつ	仮釈放者	有	青少年保護育成条例違反
14	窃盗（下着）	仮釈放者	有	窃盗（下着）
15	強盗強姦	仮釈放者	無	
16	強姦，強盗，強制わいせつ	仮釈放者	有	覚せい剤取締法違反
17	強制わいせつ（痴漢行為）	保護観察付執行猶予者	無	
18	住居侵入，窃盗（下着），強姦未遂	仮釈放者	有	窃盗（下着）
19	強姦，わいせつ目的略取	仮釈放者	無	
20	住居侵入，窃盗（下着），強制わいせつ致傷	仮釈放者	無	
21	強制わいせつ	仮釈放者	無	
22	迷惑防止条例（盗撮）	保護観察付執行猶予者	無	
23	強制わいせつ（痴漢行為）	保護観察付執行猶予者	無	
24	強姦，わいせつ目的略取	仮釈放者	無	
25	強制わいせつ（痴漢行為）	保護観察付執行猶予者	有	強制わいせつ（痴漢行為）
26	強制わいせつ	仮釈放者	無	
27	強制わいせつ致傷	保護観察付執行猶予者	無	
28	強姦致傷，わいせつ目的略取，強盗，窃盗，強姦	仮釈放者	無	
29	強制わいせつ（痴漢行為）	保護観察付執行猶予者	無	
30	強制わいせつ（痴漢行為）	保護観察付執行猶予者	有	強制わいせつ（痴漢行為）

第3節　ストーカー行為，DV行為

　恋愛感情をはじめとする好意の感情またはそれが満たされなかったことに対する怨恨の感情を充足するため，それらの感情の対象となる者やその配偶者に対してつきまとうなどの行為を反復すると，**ストーカー行為等の規制等に関する法律**（平成12年法律第81号）（以下「ストーカー規制法」）の適用を受けます。被害者から申出を受けた警察署が介入し，警告や禁止命令等などの手続きがなされ，ストーカー行為罪に該当したり，都道府県公安委員会が発した禁止命令等に従わなかったりしたときは，ストーカー規制法違反として検挙されます。

　また，配偶者からの暴力に対しては，**配偶者からの暴力の防止及び被害者の保護等に関する法律**（平成13年法律第31号）（以下「配偶者暴力防止法」）によって，その申出を受けた地方裁判所が被害者につきまとうなどの行為を禁止する保護命令を発し，これに従わないときは，配偶者暴力防止法違反として検挙されます。

　これらの法律違反または傷害などの他の罪名で検挙された後，裁判で判決が言い渡されますが，保護観察に付される段階では，被害者との接触禁止などの条件（特別遵守事項）が設定されるのが通例です。

　いずれも，公安委員会や裁判所が発した命令に従わなかった事案ですので，保護観察における定期的な面接を通じて，傾聴に努めつつも，被害者への未練を断ち切ることができるよう働きかけていくことが求められます。にもかかわらず，被害者への接触等を試みるなどの問題行動が発覚したときは，再犯防止の観点から，直ちに警察に情報提供し，警察において被害者の身辺警護などの再被害防止の措置がとられることを促すとともに，事実関係を調査した上で，当該保護観察対象者の遵守事項違反を問責しなければなりません。違反の内容によっては，執行猶予や仮釈放の取り消しの手続きに入ることも想定されます。

事例 20

　49 歳の男性であるＴさんは，妻との間に２人の子どもに恵まれましたが，頑なで柔軟性に欠ける性格が災いし，職場に定着できず，転職を繰り返すうちに，うつ病を患い，精神病院に入院する事態となりました。Ｔさんの退院を待って，将来を悲観した妻が自宅で離婚を切り出すと，Ｔさんは，妻を脅すつもりで包丁を手にしているうちに，発作的に包丁で妻の背中を刺すという凶行に及んでしまいました。傷害の容疑で逮捕されたＴさんは，裁判で保護観察付執行猶予（懲役１年２カ月・執行猶予４年間）の言渡しを受けましたが，これに先立ち，妻との離婚が成立するとともに，配偶者暴力防止法に基づき，裁判所から前妻や２人の子どもへの接近を禁じる保護命令が発せられました。

　判決後，保護観察所で保護観察官による面接がなされ，Ｔさんは，両親のもとで居住することを届け出た上で，①被害者らとの接触の禁止「被害者等に一切接触しないこと。」，②被害者らに対するつきまとい行為の禁止「被害者等の身辺につきまとわないこと。」，③就労の確保「就職活動を行い，又は仕事をすること。」の条件（特別遵守事項）が定められ，毎月２回の頻度で保護司による面接を受けることになりました。当初，Ｔさんは，別れた妻子への未練が断ち難く，前妻を道連れにして自ら命を絶つと言い出したり，前妻や子に手紙を出すことを認めてほしいと保護司に泣きついたりしていましたが，保護司による定期的な面接において，揺れ動く気持ちを汲み取りつつ，うつ病の通院治療を受け続けることを支える関わりを積み重ねるうちに，Ｔさんは，絶望的な心境から徐々に抜け始め，半年後に工場で働くようになりました。その後，転職はあったものの，就労を中心とした堅実な生活を営むことで高齢の両親を支える立場となり，保護観察に付されてから２年を経過する頃になると，通院を要しない状態にまで健康を回復し，事件当時の異常な精神状態を自覚するとともに，離婚を切り出した妻の心境を理解し，大切な存在を傷つけたことを悔やむ言葉も聞かれるようになりました。保護司との面接の日々を振り返り，「毎回，気持ちが休まる感じがして助かりました」としみじみと語るなどして感謝の気持ちを表し，４年間の執行猶予期間を無事に終えました。

被害者への強い思い込みから解き放たれるまでには，相当な年月とともに，赤裸々な感情を安心して打ち明けられる存在を要します。つきまとい行為などに至る人の多くは，視野が狭く，思い込みが強いため，相手の気持ちを察したり，周囲の助言に耳を傾けたりする精神的な余裕がないまま，一方的に自分の好意や恋愛感情を押しつけ，これが受け入れられないとなると，たちまち，「許せない」という強硬な姿勢に転じ，執拗につきまとったり，様々な嫌がらせを仕掛けたりする傾向にあります。1人であれこれ思いを巡らすうちに，感情が抑え切れず，あるいは，妄想が膨らみ，攻撃が過激になったり，自暴自棄になった挙げ句に殺傷事件に発展したりする悲劇が跡を絶ちません。中には，妄想性障害や発達障害などを抱える者も含まれますが，いずれにしても，白か黒か，「○」か「×」かという極端な**全か無かの思考**（All or Nothing）が少しでも緩和され，行動が抑えられる働きかけを行う必要があります。

　犯行当時45歳だったある男性は，交際相手と別れた後もつきまとい，これが受け入れられないと，裏切られたという一方的な感情を剥き出しにし，ストーカー規制法に基づく公安委員会が発した禁止命令が発せられた後も，交際相手の裸写真などをインターネット上に投稿する嫌がらせ，いわゆるリベンジポルノに至り，ストーカー規制法に加え，私事性的画像記録の提供等による被害の防止に関する法律（平成26年法律第126号）の双方に違反した罪により，裁判で保護観察付執行猶予（懲役2年・執行猶予4年間）の言渡しを受けました。当初は，保護観察官や保護司による面接において，被害者への恨みつらみや裁判に対する不満に終始していましたが，保護司による定期的な面接を重ねるうちに，「保護司さんと話せて心が楽になる」と語るなどストーカー行為を思い留まっている状態が続き，4年間の執行猶予期間を無事に終えました。

　一方，アイドルグループのファンクラブで知り合った女性に対し，つきまとうなどした挙げ句に家族に危害を加え，傷害の罪により，裁判で保護観察付執行猶予（懲役2年6カ月・執行猶予4年間）の言渡しを受けた男性（36

歳）の場合，その後も密かにストーカー行為の対象を次から次へと目まぐる
しく変え，ストーカー規制法違反で逮捕されました。裁判で懲役4カ月の実
刑に処せられ，これに伴い，執行猶予も取り消されましたが，同時多発的に
ストーカー行為に至る者に対しては，警察による持続的な監視に頼らざるを
得ません。

　なお，DV事案では，被害者と加害者とが関係を保ち続ける場合もありま
す。その場合，「**蓄積期**（被害者に対する苛々した気持ちがうっ積する時期）
→爆発期（被害者への虐待行為に至る時期）**→ハネムーン期**（加害者が被害
者に謝罪し，両者の関係が修復される時期）」という周期（サイクル）があ
ることが知られています[注21]。

第4節　不良集団

　30年ほど前になりますが，私が駆け出しの頃は，非行程度が進んだ少年
の所在がわからなくなると，暴力団の事務所で寝泊まりし，部屋の掃除や洗
車などをしては，いわゆる「部屋住み」として行儀見習いをしていたことが
発覚する例が珍しくありませんでした。少年院から仮退院を許可された少年
が暴力団から離脱する自信がないというので，暴力団の担当刑事のところに
連れて行き，離脱の手助けを依頼したことがありますが，保護観察の期間満
了を迎え，保護観察が終わるや否や離脱したはずの暴力団に戻っていたこと
を知り，落胆したことが思い出されます。しかし，その後，暴力団員による
不当な行為の防止等に関する法律（平成3年法律第77号）が施行されてか
らは，少年に対する加入強要等が禁止され，都道府県公安委員会が発した中
止命令に違反するときは，罰則が適用されるようになったこともあって，保
護観察に付された少年が暴力組織から離脱できず，当惑している例は，ほと
んどなくなりました。とりわけ，平成20年6月1日に更生保護法が施行され，
暴力団関係者との交際の禁止（「暴力団関係者との交際を絶ち，一切接触し
ないこと。」）や暴力団事務所の出入りの禁止（「暴力団事務所に出入りしな

注21）レノア・E・ウォーカー『バタードウーマン―虐待される妻たち』金剛出版，1997年，
60〜71頁。

いこと。」）が特別遵守事項に設定され得ることから，保護観察に付されている間，暴力団の構成員であり続けることは，想定されなくなりました。もっとも，執行猶予者保護観察法[注22]の時代は，保護観察付執行猶予者に対し，強い規範性を有する特別遵守事項というものがなく，かつては，裁判で保護観察付執行猶予の言渡しを受けても，暴力団から離脱せず，違法行為を自粛するという姿勢に転じるに留め，保護観察官や保護司の面接を受け続けるという例も珍しくありませんでした。

　一方，典型的な不良集団である暴走族も勢いがなくなりつつあります。かつては，集団暴走で一斉に検挙されると，たちまち少年鑑別所が満杯となり，家庭裁判所の審判日には，保護観察処分となった少年や保護者が保護観察所の待合室を所狭しと賑わせていましたが，最近では，そのような光景も見かけなくなりました。多いときには，4万人を超えた暴走族の構成員数も現在では，2,720人という数字になっています（令和元年警察庁交通局の資料）。

　暴走族が厄介なのは，バイクや自動車を何台も連ねて公道を爆音とともに我が物顔で走行する共同危険行為だけでなく，暴走族という集団を通じて，様々な非行や犯罪の手口を教え込まれることはもとより，暴力団などの反社会的勢力との結びつきができてしまうことです。

事例21

　U君は，2歳のとき，両親が離婚し，母親に引き取られますが，些細なことで自暴自棄になって粗暴な言動に及ぶこともあって，中学校を卒業後，就職しても短期間で解雇され，次第に暴走族に居場所を求めるようになりました。集団暴走に参加する傍ら，恐喝や盗みを繰り返し，遊興費を稼ぐ日々が続くうちに，18歳頃から暴力団員との接点ができ，暴力団員から覚醒剤を譲り受けて使用するようになってしまいました。その挙げ句に覚醒剤の高額な代金を請求され，これに応じられないことに付け込まれて命じられるままに対立する暴力団の組員の襲撃を企てるも，失敗してしまい，ついに暴力団員の逆鱗に触れ，「落とし前に現金100万円，耳を揃えて払

注22）執行猶予者保護観察法は，昭和29年4月1日に公布されたが，平成20年6月1日に施行された更生保護法によって廃止された。

うか，臓器を売るのか，どちらかにしろ」と脅されてしまいました。追い
詰められたU君は，刃物を用意し，コンビニエンスストアに赴き，強盗を
企てますが，取り押さえられ，駆けつけた警察官に現行犯逮捕され，家庭
裁判所の審判で「少年院送致」の決定がなされました。

　およそ1年間に及ぶ矯正教育によって，暴力団との絶縁を決意し，強
盗に至った経緯を正直に打ち明けるまでに至ったことから，少年院からの
仮退院が許可され（①暴力団関係者及び暴走族関係者との交際禁止「暴力
団関係者及び暴走族関係者との交際を絶ち，一切接触しないこと。」，②
薬物の密売人との接触禁止「覚せい剤，大麻，麻薬などの規制薬物の使用
者や密売人と一切接触しないこと。」，③就労の確保「就職活動を行い，又
は仕事をすること。」以上の条件《特別遵守事項》を設定），母親のもとに
帰りました。保護観察官が警察と連携をとりながら，万が一，暴力団員か
らの接触の動きがあったときの対応策を練り，U君や母親を安心させつつ，
毎月2回の頻度で保護司による面接を受けることになりました。しかし，
U君の暴力団に対する恐怖心は想像以上で，当初は，家庭内に引きこもっ
た状態に陥っていたことから，保護司による面接は，家庭を訪問する形態
がとられました。その後，保護司による面接を積み重ねることで徐々に元
気を取り戻し，就職活動を行うまでに回復しましたが，就職するまでには
至らず，およそ半年間に及ぶ保護観察期間を満了しました。

　地方更生保護委員会で少年院からの仮退院の審理に関わっていたときの話
ですが，非行程度が進んだ少年を収容している少年院に赴き，収容中の少年
と面接する機会が定期的にありました。悪名を轟かせていた暴走族のある
リーダーの経歴を見ると，当初は，集団暴走を繰り返す傍ら，恐喝，万引き，
自動販売機荒らし，車上狙い，ひったくりなどを派手に行っていたのですが，
ある時期を境にして，そのような犯罪をしなくなっていました。一見して良
い傾向のように思われ，その理由を問いかけたところ，「パクられる（警察
に捕まる）ようなことをしなくても，携帯電話さえあれば，30万円くらいは，
すぐに集められる」という我が耳を疑う返答でした。その少年は，暴力団を

後ろ盾にして，配下に多くの暴走族の構成員を従え，「けつ持ち」と称して用心棒代を上納させていたことを半ば得意げに打ち明けました。つまり，自らの手を汚さなくても，濡れ手に泡で大金を手に入れることができる立場となっていたのでした。このような非合法の集金システムができ上がると，暴走族の上層部は，用心棒代を納めるために後輩にたかり，たかられた末端の構成員は悪事を働いて資金を調達するという「たかりの連鎖」が生じてしまいます。しかも，「たかりの連鎖」が地域社会に根を張り，中学校を単位とした先輩後輩のネットワークを通じて中学生に悪影響を及ぼしている深刻な例もありました。

　また，暴走族の場合，これが拡大すると，暴走族同士の抗争に発展し，抗争を解決するため，より勢力の強い暴走族が介入し，傘下に収めて用心棒代を上納させることも珍しくありません。暴走族内部の仲間割れに加担して暴力を振るい，傷害事件を起こし，少年院に収容された少年（18歳）は，配下の暴走族から毎月50万円程度を用心棒代として掻き集めては，繁華街で派手に豪遊していたと暴力団顔負けの供述をしていますが，彼は，少年院を仮退院し，1カ月も経たないうちに，今度は，暴走族同士の抗争に担がれ，殺人事件を起こして刑務所で服役する事態に至りました。地域社会において，根強い不良集団が形成され，その中核的な存在となると，たとえ，少年院に送致し，一定期間，矯正教育を施したとしても，出院後，不良集団が彼を放っておくはずがなく，不良集団の内外の力関係（パワーバランス）が一気に変動し，仲間割れや抗争に発展することにも注意を払わなければなりません。不良集団内での見栄の張り合いで，引っ込みがつかなくなって，少年がリンチ殺人や集団強姦などの凶悪事件を起こす事態が幾度となく繰り返されてきました。長期間，少年院に収容することは，慎重に判断されなければなりませんが，不良集団の中核的な存在である場合，収容期間が1年というのはあまりにも短く，不良集団の世代が変わる頃に出院させるのが望ましいことを考えると，事案によっては，相当の長期間，少年院に収容して時間をかけて矯正教育を施すべきでしょう。

　なお，「暴走族を辞めた」と言いながら，密かに改造したバイクやいわゆる「特攻服」を保管している者がいますが，これらが身近にあれば，再び集

団暴走へと駆り立てられたり，あるいは，後輩らに転売や譲渡したりするおそれがあることから，保護者の協力を得て，これらを正当に処分させなければなりません。

第5節　中学生

　義務教育の期間である中学生が保護観察に付されると，中学校での適応が大きな課題となります。家庭裁判所における社会調査の段階で，本人が所属する中学校に対し，学校生活の様子を照会し，書面で回答を求めるのが通例であることから，たいていは，非行事実等を中学校が把握し，審判の結果についても知り得る立場にありますので，保護観察を行うに当たっては，保護観察官や保護司が中学校と連携し，必要に応じて中学校を訪問して生活指導の教諭らとの情報交換などをするほか，卒業式などの主要な行事には，彼ら彼女らをして羽目を外させないため，保護司らが臨席して見守ることも少なくありません。

　また，少年院に収容されると[注23]，出院に備え，帰住予定地を管轄する保護観察所において**生活環境調整**[注24] が行われます。担当の保護司が帰住予定地に赴き，現地調査をした上で，問題点があれば，これを調整し，その結果が仮退院の審理などを行う地方更生保護委員会はもとより，矯正教育を担っている少年院などの矯正施設にも通知されることから，その過程で中学校とも連携することもあります。少年院から仮退院が許可され，中学校に復学する場合は，中学校とも連携をとりながら，保護観察が始められます。

注23）行為時に14歳に満たない者は，刑事処分の対象とはならないが，児童相談所から送致を受けた家庭裁判所において審判が開かれ，保護処分が選択され得る。その場合，おおむね12歳以上の者については，特に必要と認める場合に限り少年院送致が認められている。

注24）刑務所や少年院に収容されている者について，その社会復帰を円滑にするため，家族らのもとを訪問するなどして，釈放後の住居，就業先，就学先などの確保に向けた調査・調整を保護観察所が行っている。

　V君とW君は，同じ中学校の3年生です。母子家庭であったV君の母親が覚醒剤を使用した罪で受刑したこともあって，子どもだけが取り残されたV君の住まいが不良仲間のたまり場となり，頻繁に家出をしていたW君も入り浸るようになりました。ほとんど不登校状態であったV君に釣られて，W君もショッピングセンターでたむろすることが多くなり，2人して年少者から金銭を巻き上げる事件を起こして逮捕され，少年鑑別所の収容を経て，2人とも家庭裁判所の審判で「保護観察」の決定がなされました（万引きや原動機付自転車の窃盗などの余罪も多数ありました）。

　保護観察所で，それぞれ保護観察官による面接がなされ，V君は祖母のもとに，一方のW君は両親のもとに居住することを届け出た上で，2人とも，①共犯者である相互の交際の禁止「共犯者との交際を絶ち，一切，接触しないこと。」，②被害者との接触禁止「被害者等に一切接触しないこと。」，③就学の継続「正当な理由のない欠席，遅刻又は早退をすることなく学校に通うこと。」の条件（特別遵守事項）が定められ，毎月2回の頻度で保護司による面接のほか，少年センターが行う就学支援プログラムを受けることになりました。

　当初は，校内での問題行動もありましたが，中学校の教諭から連絡を受けた保護司が彼らを指導した後，保護観察官も中学校を訪問し，中学校での行状が直ちに保護観察所に報告される体制を作った上で，少年センターの職員とも連携をとり，保護司の面接を積み重ねていきました。中学校は，彼らを排除することなく，可能な限り授業や行事に参加させた上で，毎週1回の頻度で少年センターが行う就学支援プログラムに通わせるなどの配慮をしたこともあって，2人とも登校を続けました。年末になると，W君は進学，V君は就職とそれぞれ進路が別々となり，V君とW君とは，顔を合わせても言葉を交わすこともなくなりました。進学を断念したV君は，3学期になると，欠席しがちになったものの，2人とも卒業式には参列し，特に問題もなく中学校を巣立って行きました。

　卒業後，W君は，定時制高校に入学し，昼間は飲食店で働くことになりました。一方，V君は，いったんは，道路舗装業を営む協力雇用主のもと

で働くことを決意し，特別遵守事項を就学の継続から就労の確保「就職活動を行い，又は仕事をすること。」に変更した上で，保護観察官がV君と面接し，就労を中心とした堅実な生活を営むよう激励するも，その後，気が変わり，自堕落な生活に陥ってしまいました。このため，ゴールデンウィーク明けに保護観察官が改めてV君を呼び出し，就職活動に向けての動機づけを行った上で，ハローワークに対し，就労支援の協力依頼[注25]をしましたが，結局のところ，V君は，相談日に姿を見せませんでした。それから2週間後，V君は，傷害事件を起こし，逮捕されました。少年鑑別所の収容を経て，家庭裁判所で審判が開かれ，V君に対し，「少年院送致」の決定がなされました。これに対し，W君は，V君と縁を切り，仕事と学業を両立する生活を送り，共犯者同士であったV君とW君は，中学校を卒業後，明暗を分ける結果となりました。

　V君とW君は，頭髪を染めたり，服装の違反などをしたことはあったものの，教諭らとは敵対関係にはありませんでした。教諭らは，可能な限り彼らを受け入れ，校内での居場所づくりに手を尽くしていました。加えて，保護司が生活習慣が乱れないように彼らを励まし続けたり，少年センターの職員が彼らに対する学習の支援を行ったりしました。こうした支援体制が功を奏し，2人とも良い方向に進みました。義務教育である中学校の場合，他の生徒への悪影響を最小限に抑えつつ，彼らをどのようにして受け入れていくのかという難しい舵取りが求められますが，保護観察における遵守事項で問題行動を封じ込めつつ，彼らへの個別的な支援は，中学校以外の他の機関が行うという役割分担が有効です。非行のある生徒を中学校が特別扱いすると，それまでやせ我慢していた他の生徒が嫉妬心や不公平感を抱き，教諭らへの関心を引こうと問題行動に走ることもあるので，注意を要します。

注25）平成18年度から，法務省（矯正施設，保護観察所）と厚生労働省（労働局，公共職業安定所）が連携し，刑務所出所者等に対する総合的就労支援対策が始められた。保護観察所から公共職業安定所への協力依頼に基づき，公共職業安定所における専門の窓口において，マンツーマンによるきめ細かい職業相談が行われるのも支援対策の1つである。

なお，中学校と連携する場合，当該保護観察対象者に寄り添い，彼ら彼女らをして自分の味方であると思わせながらも，中学校とは敵対関係とならないよう緊密に連携するという配慮をしなければなりません。彼ら彼女らの気持ちを汲み取り，これを代弁するという役割を担う傍ら，その舞台裏では，中学校の教諭らと一緒になって立ち直りの舞台作りに向けて知恵を出し合う関係性を築くことができれば，当該保護観察対象者を中学校に適応させる働きかけが可能となります。ある中学3年生の少年は，卒業式に参加したいという気持ちを抱きながらも，教諭らの指導に素直に従わず，変形した学生服を着用し続けました。変形した学生服を着用した状態で卒業式に参加させることはできないという中学校に対し，保護司は，中学校に彼の本心を伝えるとともに，知人から標準の学生服を手に入れ，これを彼に着用させて卒業式に参加させました。

事例23

　X君は，中学1年生の2学期から頭髪を金色に染めて登校するようになり，持ち込みが禁止されているスマートフォンを校内で同級生に見せびらかすなどの校則違反を続発し，中学校の教諭から繰り返し指導されるも，これに反抗し，暴力を振るうことも珍しくはありませんでした。中学2年生に進級すると，他校の生徒と交際するようになり，万引き等で補導されたほか，教諭に対する反抗的な態度にも拍車がかかり，手がつけられない状態に至りました。そうしたところ，X君の問題行動を咎めた2人の教諭に対して殴る蹴るの暴行を働き，軽傷を負わせる事態に発展し，通報を受けた警察官にX君は逮捕されてしまいました。その後，X君は，少年鑑別所に収容されましたが，X君の母親が付添人（弁護士）の同伴を得て中学校を訪問し，被害を受けた教諭らに謝罪しました。一方，被害を受けた教諭らが少年鑑別所でX君に面会し，その場でX君の謝罪を受け入れました。X君が逮捕されてから1カ月後，家庭裁判所で審判が開かれ，「保護観察」の決定がなされました。

　保護観察所で保護観察官による面接がなされ，X君は，両親のもとに居住することを届け出た上で，就学の継続「正当な理由のない欠席，遅刻

又は早退をすることなく学校に通うこと。」の条件（特別遵守事項）が定められ，毎月2回の頻度で保護司による面接を受けることになりました。X君は，復学後，教諭に対する反抗的な態度はもとより，校則違反も見られなくなりましたが，断続的に遅刻や欠席を繰り返し，登校状態は安定しませんでした。保護司は，中学校の教諭らと連携をとりながら，定期的な面接を通じてX君を褒め励ますとともに，両親に対しても，門限を午後9時と定めて，これを守らせた上で，卒業後の進路について親子で話し合うよう働きかけました。

中学3年生の進級を前にして，「卒業後は，父親の営む建築業を手伝いながら，通信制の高校に進学し，将来的には自動車関連の仕事に就きたい」という見通しができ，この頃から，遅刻や欠席が大幅に減り，中学3年生に進級すると，保護司に対し，「学校が楽しい」と発言するまでになりました。1学期の学期末に保護司が改めて中学校を訪問し，教頭や生活指導の教諭らと情報交換をしたところ，「X君は，クラスの中に溶け込み，他の生徒と遜色がない」との評価が得られたことから，保護観察に付されてから1年が経過した時点で，保護観察が解除されました。

X君は，順調に経過した事例の1つに数えられます。とりわけ，中学3年生に進級するに当たり，卒業後の進路について親子でしっかりと話し合い，現実的な見通しがつき，日々の学生生活に動機づけがなされたことが大きいと思われます。

一方，非行程度が進んだ状態にある中学生が家庭裁判所で保護観察に付されたとしても，これまでの行状を反省し，途端に模範生徒になることは，残念ながら，期待できないのが実情です。平然と校則違反を繰り返し，教師に対して反抗的な態度をとる生徒が相当数に上る荒れた中学校などでは，他の生徒の手前，自分だけが良い子となることに抵抗が生まれ，教諭らに対し，強がり，悪ぶる傾向にあります。

ある中学3年生の少年は，原動機付自転車を盗む事件を起こし，家庭裁判所で保護観察（一般短期）に付されましたが，素行を改めるどころか，同級

生らに対し，保護観察を受けていることを自慢し，他の生徒を煽り，教諭に反抗的な態度をとり続けていました。保護観察官と保護司が中学校に赴き，少年の素行について詳細に報告を受けた上で，中学校の生活指導の教諭らと連携をとりながら，彼に対して繰り返し指導するも，校内にカミソリやタバコを持ち込み，教諭に注意されると，ヘルメットなどを投げ散らかし，窓ガラスを破損させるなどの粗暴行為が続出していることに加え，中学校付近で原動機付自転車を乗り回している光景を教諭らに目撃される事態となりました。このため，保護観察官は，少年の住まいに赴き，母親らを立ち会わせて厳重に注意しました。その後，いったんは，校内での粗暴行為は収まったものの，しばらくして保護司の面接を忌避するようになった挙げ句に再び校内で暴れ，窓ガラスや防火シャッターを破損させる粗暴行為に及んだことから，保護観察官は，引致状を執行した上で，家庭裁判所に対し，ぐ犯通告[注26]を行いました。これを受け，家庭裁判所で審判が開かれ，「少年院送致」の決定がなされました。

　最近は，生徒が教師に対して暴力を振るって怪我をさせたり，校舎の窓ガラスを破損させたりするなどの深刻な事態が生じたとき，警察に通報し，厳正に対処するのが通例となったように思われます。確かに中学校が治外法権であってはなりませんし，他の生徒のことも考えなければなりませんが，そ

注26）保護観察処分少年に対し，新たに少年法第3条第1項第3号に掲げる事由があると認めるときは，保護観察所の長は，家庭裁判所に通告することができる（更生保護法第68条Ⅰ）。
　少年法第3条第1項第3号において，
「次に掲げる事由があって，その性格又は環境に照らして，将来，罪を犯し，又は刑罰法令に触れる行為をする虞のある少年
　イ　保護者の正当な監督に服しない性癖のあること。
　ロ　正当な理由がなく家庭に寄り附かないこと。
　ハ　犯罪性のある人若しくは不道徳な人と交際し，又はいかがわしい場所に出入りすること。
　ニ　自己又は他人の徳性を害する行為をする性癖のあること。」
とされている。保護観察所の長からの通告は，一般人からの通告（少年法第6条Ⅰ）と違い，実質的な送致に当たり，形式的な用件が具備されている限り，家庭裁判所は，これを受理しなければならない。

の前提に教諭による生徒への体罰の禁止はもとより，当該生徒に対し，中学校として行うべきことを行っているかどうかが問われることは言うまでもありません。

　なお，校内で粗暴行為を繰り返す生徒が自閉症スペクトラム障害や注意欠如・多動性障害（ADHD）を有している場合は，障害に対する正しい理解のもと，医療機関をはじめとする関係機関とも連携をとりながら，障害の程度に応じた手当が必要であることは，第2章の第1節で言及したとおりです。

第6節　長期刑の仮釈放者

　死刑に次いで重い刑は，無期刑ですが，刑を執行してから10年を経過した者については，地方更生保護委員会が個別に審理し，決定によって仮釈放が許可される場合があります。令和2年版犯罪白書によると，平成27年から令和元年までにかけての5年間で51人の無期刑受刑者に対し，仮釈放の決定がなされました。これを執行期間で見ると，いずれも30年を越えています。有期刑の上限が30年ですので，これが1つの目安となっているように思われます。

　無期刑の受刑者のほとんどが被害者の生命を奪うなどの重大な罪を犯し，長期にわたって身柄拘束の状態にあるもので，残念ながら，その中には再犯のおそれが大きい受刑者も含まれます。そもそも，再犯のおそれがある受刑者については，仮釈放が許可されませんが，いかんせん，長期間，塀の中で自由を奪われた生活を強いられていることから，出所後の社会適応に当たっては，相応の困難が伴います。このため，無期刑と長期刑（執行すべき刑期が10年以上のもの）の仮釈放者については，当初の1年間は，重点的に保護観察を実施することになっています。家族のもとに帰住できる無期刑の仮釈放者は，恵まれていると言えます。たいていは，長い年月の経過によって親兄弟が亡くなり，妻子がいたとしても絶縁したりして身寄りがなくなっていきます。身寄りがない場合，多くは，更生保護施設を帰住地として仮釈放が審理され，これが許可されると，出所後，しばらくは，更生保護施設に身を寄せ，自立を図ることになります。

殺人の罪により懲役11年の刑に処せられ，刑期終了日まで約1年の期間を残して仮釈放が許可された男性（51歳）は，身寄りがないため，更生保護施設で生活することになりましたが，およそ10年間，塀の中での生活を強いられていたことから，社会生活に順応させるため，当初の1カ月は，**中間処遇**と呼ばれる特別のカリキュラムを受けることになりました。更生保護施設の補導職員が引率し，住民票の移転をはじめ，各種の手続きを行わせるとともに，被害者の冥福を祈るため，保護司が住職をしている寺院に赴かせていたところ，1週間後，無断外泊する事態が生じました。幸い，無断外泊は1日だけでしたが，更生保護施設の補導職員から報告を受けた保護観察官は，男性を保護観察所に呼び出しました。事情を聴いたところ，男性は，出所に際して，受刑中に文通を許可されなかったために，手渡されなかった手紙を受け取り，これを読むうちに，かつて交際していた女性の消息が気になって心当たりの場所を探すうちに，酒を飲み，更生保護施設に帰れなくなってしまったことを打ち明けました。これを受け，保護観察官は，男性の供述を録取し，無断外泊や飲酒をしないことを誓約させた上で（質問調書作成），男性に対して，その心情を汲み取りながらも，自らが置かれた立場を自覚し，軽率な振る舞いを慎むよう説諭しました。以後，男性は，更生保護施設の補導職員による生活指導に従い，中間処遇を終え，就職するまでに至りました。塀の中に隔離され，世間の動きから取り残されている者にとっては，取り返しのつかない時間の経過に直面して落胆したり，失われた時間を取り戻そうと焦ったりして，にわかに心情が不安定になることも想定しておかなければなりません。

事例24

　Yさんは，22歳のときに，多額の借金を抱えて金策に困り果てた挙げ句に知人宅に押し入り，その場に居合わせた老女を殺害した罪により，裁判で無期懲役刑に処せられました。36歳のときに仮出獄[注27]が許可され，父親のもとに帰住し，保護観察に付されました。その後，職を転々としな

注27）平成17年に刑事施設及び受刑者の処遇等に関する法律の制定に伴い，刑法が改正されるまでは，刑務所からの仮釈放を仮出獄と呼んでいた。

がらも生計を立て，39歳のときに結婚しましたが，52歳のときに妻と
死別してからは，子どもがいないこともあって，単身で生活するように
なりました。毎月，欠かすことなく保護司による面接を積み重ね，被害者
の冥福を祈り続ける慎ましやかな生活が定着していたところ，保護観察に
付されてから34年を経過した時点で，恩赦（刑の執行の免除）が行われ，
彼の長い保護観察が終わりました。このとき，Yさんは，すでに70歳と
なっていました。

　恩赦は，行政権によって裁判の内容またはその効力を変更するもので，
その特異性から内閣が決定し，天皇が認証する手続きをとるものですが，
無期刑の仮釈放者の場合は，恩赦（刑の執行の免除）によらなければ，終身，
保護観察に付されることになります。Yさんの場合，彼の出願を受けた保
護観察所長が中央更生保護審査会に対し，上申し，同審査会で「相当」と
の議決がなされたことから，法務大臣に対し，恩赦（刑の執行の免除）の
申出がなされ，閣議決定がなされました。保護観察所で保護観察所長から
恩赦状（刑の執行の免除状）の交付を受けたYさんは，保護司をはじめと
する関係者に対し，深々と頭を下げました。それから2年後，Yさんは
病気のため，帰らぬ人となりました。享年72歳でした。

　無期刑の仮釈放者の場合，恩赦（刑の執行の免除）によらない限り，生涯，
保護観察に付された状態が続くことから，担当する保護司は，長いお付き合
いとなります。毎月2回を標準とする頻度で面接を行い，気の遠くなるよう
な長い年月を積み重ね，犯した罪の甚大さと向き合えるよう傍らで寄り添い
ながら，いつしか，心を許せる隣人となり，恩赦によって保護観察が終了し
た後も家族ぐるみのお付き合いをしている例[注28]も報告されています。
　その一方で，極めて遺憾ながら，無期刑の仮釈放者が同種の再犯を繰り返
した例は，皆無ではありません。昭和63年1月15日，前年4月に出所した
ばかりの無期刑仮出獄者（48歳）が地下鉄の階段で包丁を用意し，通行人

注28）『更生保護』日本更生保護協会，平成10年6月号，29〜32頁「出会いと恩赦」，
平成23年10月号，28〜31頁「無期刑対象者が恩赦になって」。

から現金を奪おうと待ち構えていたところ，19歳の女子短大生に騒がれたため，刺殺して逃走するという痛ましい事件が発生しました。逮捕後，他にも若い女性を襲い，果物ナイフや鉄パイプなどの凶器を使って怪我を負わせ，現金を奪うなどの事件を起こしていることが判明しました。当時，彼は，保護観察に付されていましたが，所在がつかめず，保護観察官や保護司による定期的な面接が行われていませんでした。しかも，この事件から遡ること20年前にも，出所した7カ月後に高層住宅のエレベーター前で24歳の女性を刺殺して100円札1枚を奪う事件を起こし，無期懲役刑に処せられたという経緯がつまびらかにされました。この事件は，報道機関や国会でも取り上げられ，仮出獄の審理や無期刑仮出獄者の保護観察の在り方が問われました[注29]。当時の保護局長が「無期刑の仮出獄者でもある加害者は，おそらく死刑に処せられるであろうが，保護観察所の対応いかんによっては，無辜の尊い命と罪深い罪人の命が失われずに済んだのかもしれない」と無念の表情を浮かべて訓示をされたのが今も私の脳裏には焼き付いています。果たして二度目の強盗殺人事件から，およそ20年後の平成20年9月11日，彼の死刑が執行されました。

　人を殺めるなどの凶悪事件を起こす者の中には，どうにも抗えない悲しい性のようなものが潜んでいて，無力感を抱かざるを得ない場面も珍しくありません。「俺は殺しをした」と開き直って威嚇する態度を見せ，周囲を唖然とさせたり，保護観察官に対し，気色ばんで「一体，いつになったら恩赦になるんや。保護観察を真面目に受けている意味がない」と発言し，自らの利益しか顧みない態度を露呈させたりする事案に接すると，思わず，芥川龍之介の作品である『蜘蛛の糸』の糸が切れる瞬間が思い出されます。

　これまで10人ほどの無期刑の仮釈放者を担当しましたが，そのほとんどが前歴を世間に知られることもなく，平穏な生活を送っていました。中には，前歴を秘匿したまま結婚し，配偶者にすら過去を知らせず，長年にわたって保護観察を受けている者もいました。大罪を犯しても，SNSで情報が拡散する時代ではなかったので，忌まわしい過去を暴かれることがなかったので

注29）毎日新聞1988年3月9日朝刊「記者の目『仮釈放の中の凶悪犯罪』」。

しょう。その一方で，彼ら彼女らが贖罪意識に目覚めた生活態度であったのかと問われれば，答えに窮せざるを得ません。すでに被害者の遺族との接点はなく，保護司の勧めで近隣の寺院に赴き，被害者の永代供養をするなどの動きがあった者が散見されるものの，被害者遺族への慰謝などの措置が全くなされないまま，ひたすら時間の経過だけが記録として積み重なっているのが実情でした。そのうちの一人について，恩赦（刑の執行の免除）を上申する運びとなりました。書類を作成するに当たり，検察庁に保管されている刑事事件記録を閲覧しましたが，そこには，詳細な犯行状況を書き綴った書類に加え，無残にも惨殺された被害者の写真が幾葉にも添付されていました。これらを目の当たりにすると，当該仮釈放者の行為の罪の重さを改めて実感せざるを得ず，恩赦の上申に向けて書類を作成する自らの心境が大きく揺らいだことが思い出されます。結局のところ，上申を受けた中央更生保護審査会では，「不相当」との議決がなされました。恩赦（刑の執行の免除）の審査は，加害者と被害者という究極の存在を前にして哲学的な問いがなされる場面と言えるでしょう。無期刑の仮釈放者に限らず，加害者の更生に当たっては，被害者の存在を忘却させてはならず，悔悟の情を持ち続けさせることが再び過ちを犯さない生活習慣を確立させることに繋がることを肝に銘じておかなければなりません。

第7節　被害弁償

　人様に迷惑をかけたときは，まずは，謝罪し，原状を回復した上で，再発防止の措置をとるのが常道ですが，非行や犯罪となると，身柄を拘束されるなどして被害者に謝罪すらできない場合もあります。そのため，多くの場合，裁判中に弁護士などを通じて，謝罪と原状回復を合わせた被害弁償の示談交渉がなされます。しかし，被害が甚大であったり，そもそも加害者側に弁償能力がなかったりする場合など，被害者側にとって極めて気の毒な事態に至る例も少なくないのが実情です。とりわけ，身内を殺害されたり，重篤な後遺症が残る傷害などを負わされた被害者の大半は，原状の回復を望めず，被害弁償が全くと言っていいほどなされないまま，悲嘆にくれる日々を送るこ

とを余儀なくされています。

　被害弁償については，民事の領域になるので，刑事司法機関が被害者側と加害者側との間に立ち，代理人として交渉するなどの介入を行うことができませんが，被害者等からの申出を受け，加害者の処分結果を含め，現時点で受刑中もしくは少年院在院中なのか，仮釈放もしくは仮退院の審理が行われているのか，またはすでに釈放されて保護観察に付されているのか否かなどの加害者の処遇状況について，被害者等に対し，通知することができます。これは，**被害者等通知制度**と呼ばれ，加害者の処遇状況を知った被害者等は，仮釈放等の審理において意見等を陳述したり，保護観察対象者に対し，心情等（被害に関する心情，被害者等の置かれている状況，保護観察対象者の生活又は行動に関する意見）を伝達することができます。前者は**意見等聴取制度**，後者は**心情等伝達制度**と呼ばれ，いずれも，被害者等からの申出を受けて行われます。

　心情等伝達制度は，保護観察対象者の改善更生を図る上で，被害者等の心情等をできる限り具体的に認識させることにより，自らが犯した罪による被害の実情等を直視させ，反省および悔悟の情を深めさせる観点から実施するもので，被害者担当の保護観察官が被害者等の心情等を書面に録取し，保護観察対象者を担当する保護観察官が当該保護観察対象者に対し，これを読み聞かせる形態で伝達しています。

事例25

　16歳の男子であるＺ君は，同級生に対して一方的に殴る蹴るの暴行を働き，顎などを骨折する大けがを負わせ，傷害の罪により，家庭裁判所で審判が開かれました。審判では，自らの非を認め，反省の態度を示した上，被害者との間で治療費などの被害弁償を行うことで示談が成立したこともあって，「保護観察」の決定がなされました。

　保護観察所で保護観察官による面接がなされ，Ｚ君は，父親のもとに居住することを届け出た上で，就労の確保「就職活動を行い，又は仕事をすること。」の条件（特別遵守事項）のほか，被害弁償の履行「被害弁償に誠意を尽くすこと。」の努力義務（生活行動指針）が定められ，毎月２回

の頻度で保護司による面接を受けることになりました。すぐに就職が決まり，建設作業員として働いていたところ，2カ月後，被害者の母親から，保護観察所の被害者担当の保護観察官に電話が入りました。示談が成立後，被害弁償に向けての連絡が全くなく，憤りを抱いているとの内容でした。被害者の母親は，心情等伝達制度を利用することを決心し，日を改め，保護観察所で被害者担当の保護観察官による心情聴取に応じました。心情聴取書の内容は，怪我の治療のため，息子が二度の手術を受けるも，満足に食事がとれないことから，やせ細ってしまったことなどを切々と訴えた上で，Z君と保護者に対し，被害弁償の意思を問いかけるというものでした。後日，Z君の担当の保護観察官がZ君と父親を保護観察所に呼び出し，心情聴取書を読み聞かせたところ，改めて謝罪の言葉と共に被害弁償に誠意を尽くす意思を示しました。それから2カ月後，被害者の母親から被害者担当の保護観察官に電話が入り，請求どおりの被害弁償が履行されたとの報告を受けました。

審判の時点で被害弁償が履行されているものは，そうでないものと比べて，断然，保護観察の経過が良いという実務感覚があります。これは，保護者などが本人に代わって謝罪と被害弁償に手を尽くし，その後ろ姿を本人が垣間見ているからにほかなりません。

非行や犯罪の大半は，被害者が存在します。加害者は，誠意をもって謝罪を含む被害弁償に尽くさなければならない立場であることを忘れさせてはならず，被害者に対する謝罪の気持ちを抱き続けることが再び過ちを犯さない姿勢に繋がることは，改めて指摘するまでもないことでしょう。

第4章

犯罪のない明るい社会の実現

第1節　我が国の治安状況

　我が国が他の国と比べて治安が良いことは有名です。例えば，外国人が我が国を訪れて眼を奪われるものの一つは，戸外の至る所に自動販売機が置いてあることだと言われています。人通りの少ない路地であっても，水田が広がる里山の道路沿いであっても，普通に自動販売機が設置されています。確かに自動販売機の中には，商品のほかに現金が保管されていますので，治安が悪く，窃盗団が暗躍するような社会では，金庫破りの感覚で，これを壊して現金を抜き取ったり，自動販売機ごと持ち去ったりする手荒な手口が横行することでしょう。深夜，夜道を一人で歩き，戸外の自動販売機で缶ジュースを買い求めるのに，何ら警戒心を抱かないこと自体が我が国の治安の良さを物語っているのかもしれません。

　とはいえ，我が国でも犯罪の被害に遭うことはあります。私自身も通勤で使っていた自転車を盗まれたことがありますが，かれこれ10年も前のことです。盗難の被害に遭ってから1週間後，駅の空き地に乗り捨てられていたのを自分で発見しました。このように，我々が経験する犯罪の被害の多くは，自転車やバイクなどの盗難で，車上荒らしの被害に遭ったとなると，たちまち周囲の同情を集めます。幸いなことに身近で強盗の被害に遭ったという体験をした人とお目にかかることはほとんどないと言っても過言ではないでしょう。我が国で万引きや空巣が多いのは，店舗や住宅の警備体制が緩やかであるからだとも言われています。確かに店員や住人が警戒心を抱き，防犯

のため，店舗や住宅に警備員を配置している状況下で，現金を奪うことを目論むとなると，凶器を携行して強盗を企てるに至ることは，想像に難くありません。戸閉まりをせずに外出したり，店員の監視の目が緩かったりするために，空き巣や万引きが発生してしまうのでしょう。

　我が国の治安の良さは，様々な社会現象で表現されています。電車などで座席に荷物を置いたままにして平気で席を離れる光景も外国人から見ると，驚きでしょうし，財布やスマートフォンを落としても，かなりの確率で所有者に戻ることも然りです。私も不覚にも財布を落としたことがありますが，心当たりのコンビニエンスストアに戻ると，店員が「駐車場に落ちていたのをお客さんが拾って下さり，店内で預かっていました」と笑顔で手渡してくれました。もちろん，現金もそのままでした。

　圧巻は，エレベーターホールの壁にあった「落とし物，心当たりの方は管理人事務所まで」という張り紙の中に「現金」が書かれていたのを見て，驚いたという外国人の証言です[注1]。このような何気ない日本人の行動様式が海外の賞賛の的となったのが二度の震災のときの被災者らの姿でした。水や食料の配給に対して静かに行列を作って待つ光景はもちろんのこと，最愛の家族が亡くなったり，安否が不明であったりする最中<ruby>最中<rt>さなか</rt></ruby>でも，取り乱すことなく，必死に悲しみや苦しみに堪えている被災者の光景を「静かなる威厳」「驚くべき落着きと不屈の精神」「非の打ちどころのないマナー」などの賞賛の言葉を添えて海外メディアが揃って報道しました。災害時には，略奪，暴動，陵辱が続発するのが普通である国々にとって，水や食料を奪い合うこともなく，被災者の貴重品が続々と役所に届けられる光景に驚嘆せざるを得なかったようです。東日本大震災では，津波に襲われて倒壊した家屋等の中から届けられた現金が総額にして 42 億円で，うち 87 パーセントが持ち主に返ったとのことです[注2]。

　我が国の治安の良さに一人ひとりの日本人に染み付いている行動様式や価値観が大きく影響していることは，間違いありません。

注1）ルース・ジャーマン・白石『日本人が世界に誇れる 33 のこと』あさ出版，2012 年，106 ～ 109 頁。

注2）中日新聞 2011 年 12 月 5 日朝刊。

第2節　海外から注目される独自の制度

　文化人類学者である小川さやかさん（立命館大学大学院先端総合学術研究科准教授）によると，2000年代半ばのタンザニア北西部の都市ムワンザでは，路上商人が警察官に逮捕されると，仲間たちがこぞってカンパを集め，これを警察官に渡し，もみ消してもらう場合が珍しくなかったそうです。この背景に路上商売や路肩の零細な製造業は，都市条例や道路交通法などに違反しているとはいえ，貧しい人々の限られた生計手段なのだから，認めるべきだと考える市民が数多くいるためであると指摘しています[注3]。加えて，小川さんは，貧しい人びとが強盗や薬物使用の疑いで十分な証拠がないままに裁判にかけられ，鮨詰め状態にある刑務所に送られるという事案も頻繁に起きていたため，警察や裁判所に不信感を抱く市民も少なくないと言います[注4]。そもそも刑事司法システムが有効に機能せず，それ自体が国民から信用されていない国もあるのもまた事実のようです。我が国では，警察官や検察官の不祥事が皆無ではないにしろ，刑事司法システムは，大多数の国民の信任を受けていると言えましょう。

　世界でも有数の治安の良さを誇る我が国ですが，その刑事司法システムには，海外から注目される独自のものがあります。

1　交番

　市街地の各所に設置されている警察官の詰所で警察官2名ないし3名が一組となって24時間を交代で番に当たることから，「交番」と呼ばれ，犯罪被害の相談はもとより，道案内や落とし物の届け出などにも対応し，市民から親しまれ，頼りにされています。海外からも「交番」が治安の維持や市民の利便に大きく貢献しているとの高い評価を受け，"KOBAN"が世界の共通

注3）小川さやか『都市を生きぬくための狡知—タンザニアの零細商人マチンガの民族誌』世界思想社，2011年，217頁。

注4）平成30年度滋賀県更生保護関係者顕彰式典（平成30年10月24日，ピアザ淡海）における講演。

語となっていることは，改めて指摘するまでもないことでしょう。

　我が国では，1874年に「交番」が東京都に設置されて以降，国内の至る所でお目にかかることができますが，近年は，米国，ブラジル，シンガポールでも交番制度が導入されています。

2　日本型行刑

　外国人が我が国の刑務所を視察すると，「信じられない」と舌を捲くことが少なくありません。刑務所の工場で50人ないし100人の受刑者が脇目も振らず，黙々と刑務作業に従事しているのですが，彼らがハンマー，カッターナイフ，はさみなど凶器になる道具を使いこなす一方で，刑務官は，警棒すら所持せず，いわゆる丸腰だからです。しかも，1人の刑務官で50人ないし100人の受刑者を看守しているのですから，けん銃を携行するなどの武装をした刑務官で物々しく警備する外国の刑務所と比べれば，まさに「Unbelievable！」という言葉が囁かれるのも想像に難くありません。

　我が国の場合，実刑の大半は，懲役刑という形態をとり，受刑中は，拘禁させるだけでなく，勤労意欲を喚起させ，手に職を着けさせることを目的とする刑務作業に従事させることが定められています。懲役刑の受刑者は，寝泊まりする舎房から工場に移動し，工場担当の刑務官の監視の下，刑務作業に従事しますが，工場担当の刑務官は，彼らから「おやじ」とか「担当さん」などの陰語でも呼ばれ，受刑生活だけでなく，出所後の生活を含め，様々な相談に乗っています。「国のおふくろさんに手紙を出しているか？」「ここを出たら，しっかり働いて，もう二度と来るなよ」と素朴な愛情を持って投げかける更生を願う言葉は，厳格な規律と裏腹に一定の温かさを持って彼らに伝わることでしょう。

　このように，我が国の刑務官は，目の前にいる受刑者に対し，立ち直って欲しいという親心にも似た思いを抱き，これが受刑者にも伝わることで，丸腰の状態で多くの受刑者を看守することを可能ならしめていると考えられます。立ち直るか否かは受刑者本人の問題として割り切るのではなく，受刑者の世話を焼き，面倒を見るという刑務官の姿勢は，疑似親子関係を彷彿させ，「日本型行刑」と呼ばれる独特な雰囲気を醸成しているように思えます。もっ

とも，最近は，受刑者が高齢化し，はるかに年下の刑務官の監視下に置かれ
ていますので，「老いては子に従え」の心境なのかもしれません。

3 保護司

　保護司は，保護司法に基づき，法務大臣から委嘱される非常勤の国家公務
員です。ただし，給与は支給されません。兼業も可能で，政治活動も制限さ
れていません。保護司の主な仕事は，保護観察に付された者に寄り添い，定
期的な面接を積み重ねていくことですが，犯罪のない明るい社会の実現のた
め，地域の様々な活動にも参加しています。面接は，保護司の自宅でなされ
ることが多く，その一方で，保護観察に付された者の住まいのほか，少年院
や刑務所に収容されている者の帰住予定地を訪ねることもあります。

　外国人にとっては，刑務所出所者を自宅に招いて面接をすることを前提と
した制度があることが新鮮で，しかも，これを支えているのが無給の保護司
という存在であることを知ると，たちまち賞賛の声が上がります。

　確かに非行のある少年や犯罪をした者を自宅に上げ，もてなし，親身に
なって話を聴くという行為については，外国人ならずとも，万人が敬意を表
することでしょう。当然のことながら，このような献身的な行為は，誰でも
できるというわけではありません。「悪に報いるのに善をなす」という崇高
な姿勢が求められ，それなりの人生経験を積んだ者でないと，その境地には
達しないと思われます。その結果として，保護司の平均年齢は，60歳を超
え，任期は2年であるところ，再任されるのが通例です（ただし，原則とし
て75歳を超えて再任しないという定年が設定されています）。これまで数え
切れないほどの保護司との出会いがありましたが，誠実で素朴な愛情が溢れ
る方々が大半で，その人柄をもって非行のある少年や犯罪をした者に親身に
接し，時間をかけて良い影響を与えているものと思われます。

　辞令の伝達式を終えて，ある保護司は，「これまでの自分の人生を顧みると，
いろいろなことがありましたが，お陰様で幸せに過ごさせていただきました。
お世話になった分，少しでも，恩返しをしたい。微力ながら，精一杯，務め
させていただきますので，よろしく御指導賜ります」と深々と頭を下げ，会
場を後にされました。

また，退任する保護司に対する感謝状の贈呈式の懇談の席において，ある保護司は，これまでの活動を回顧しつつ，「最初は，自分で務まるかなと不安ばかりでしたけど，保護観察を受けている人との関わりの中で多くのことを学ばせていただき，人生というものを改めて考える貴重な機会となりました。責任を果たし，ほっとするとともに，保護司を引き受けて良かったと感謝の気持ちで一杯です」と言って締めくくられました。残念ながら，現職で亡くなる方もいますが，ある遺族は，当方からのお悔やみの言葉に対し，「父は，亡くなるまで保護司として生きがいを感じて頑張っていました。保護観察を受けている人も懐いてくれ，こちらこそ，お礼申し上げます」と涙を浮かべながら，一礼されました。

　こうした謙虚な思いと同居する家族の理解と協力がなければ，道を踏み外した者が地域の善良な一員となれるよう地道に働きかけるという仕事はできないでしょう。面接の約束をしていたのに現れず，気を揉んだり，信じていたのに再び警察の厄介となって，愕然としたりと，必ずしも道のりは平坦ではありませんが，現実の厳しさを知る立場でもあるからこそ，担当をしていた者が立ち直っている姿を目の当たりにしたり，何年かして家族を連れて挨拶に来たりしたときの喜びは格別であるとの話は，よく耳にします。このほか，保護司になると，保護区と呼ばれる活動区域に配属され，配属先の保護司会に所属しなければなりません。保護司会を単位として研修会などが開催されるほか，様々な犯罪予防活動が展開されます。保護司会における交流を通じて自己研鑽を積み重ねて行きますが，相互に感化されるのか，保護司に委嘱されて１年も経つと，すっかり保護司の顔になっているのが不思議です。

　保護司は，同情を禁じ得ない不幸な成育歴の持ち主や不良文化に染まっている者などと接し，生活実態を把握する立場であることに加えて，少年院や刑務所などの矯正施設を参観するなど関係機関を通じて非行や犯罪に至る背景を知る機会も多く，自らが住む地域社会の舞台裏を垣間見ることができます。これらの活動は，大規模な地理的移動を伴わない異文化体験とも言え，これまでの人生の延長線上で自らのアイデンティティを集大成させる時期においては，有意義な体験となることでしょう。保護司に求められる心の動きとして，「どんな人だろう」という知的好奇心と「何がそうさせたのか」と

いう探求心が挙げられます。加えて，罪を償う立場の者に寄り添うという立場から，高い倫理性を保持することにも努めなければならないことは，言うまでもないことでしょう。**保護司信条**というものが定められ，保護司会の総会等では，列席する保護司が起立した上で，次のとおりの文言を唱和しています。

> 「私たち保護司は，社会奉仕の精神をもって，一つ，公平と誠実を旨とし，過ちに陥った人たちの更生に尽くします。一つ，明るい社会を築くため，すべての人々と手を携え，犯罪や非行の予防に努めます。一つ，常に研鑽に励み，人格識見の向上に努めます。」

保護観察官は，毎月，保護司から提出される保護観察経過報告書に目を通していますが，保護観察が終了する最終月の報告書は，格別なものがあります。その一端を紹介します。

- 保護観察の解除通知書を渡したところ，たいそう嬉しそうな様子で，解除通知書と連絡カードを並べて自分のスマホで撮影して写真に収め，「ありがとうございました」としっかりお礼を述べてくれました。
- 保護観察の期間満了の前日，2年前と比べると，大人になったことを伝え，今のような良い時間を過ごして行けば，良い人生になると諭し，握手して面接を終える。
- 解除になったことを伝えると，驚きを隠せず，「やった！」と嬉しそうに破顔する。これまでの1年間の頑張りを褒め，この先，立派な社会人となり，親方になる夢を叶えてくださいと激励する。その晩，母親から電話をいただき，保護観察のお陰で，この1年間，成長したことのお礼を頂きました。本日で最後と思うと，一抹の寂しさを感じますが，家族の温かい愛情の下，立派な社会人になることをただ祈る気持ちです。
- 明日で4年間の保護観察が終わることを告げたところ，月2回の面接を楽しみにしていたとのこと。話し相手がいない中で，この場でいろいろなことが話せ，いろいろな話を聞くことにより，たくさんのことを教わ

り，自分の考え方が変わり，更生へとつながったと話す。保護観察が付いたことは，自分にとって自分を変えるチャンスになったとも言う。

- 保護観察の解除通知書を渡すと，「ありがとうございます」と喜んでいる。今までを振り返り，「保護観察になって良かったと思う。こんなに自分の人生のこと，大切なことを話せる人はいなかった。親にも言えないことが言えた。終わっても来てもいいですか」と言って目頭を押さえている。
- 期間満了日の翌日，次のようなメールが届いた。「長い間，お世話になりました。保護観察は，めんどうくさいと思っていましたが，○○先生との面接は，何でも話せて，全く苦になりませんでした。愚痴，相談など様々な話を親身になってくださって，面接の後は，気持ち的にも楽でした。保護司さんが○○先生で，良かったと思っています。長い間，ありがとうございました。」

　ところで，保護司法が施行されたのが昭和25年ですから，現行の保護司制度の始まりは，それほど古くはありません。歴史を遡ると，明治時代に刑務所を出所しても行き場のない者に生活の場を与えることを目的とした司法保護団体が相次いで誕生しましたが，大正時代になって司法保護団体から巣立った元受刑者らを引き続き保護しようという動きにも連なり，昭和14年に施行された司法保護事業法で収容保護を行う**司法保護団体**と観察保護を行う**司法保護委員**として制度化されました。これが今日の更生保護施設と保護司の主たる前身であるとされています。保護区は，警察署の管轄区域と重なる場合が多く，これには，司法保護委員の保護区は，原則として警察署管轄区域を単位とし，保護区ごとに司法保護委員会が設置されたという経緯があります[注5]。

　保護司法によって，保護司の定数が5万2,500人と定められ，その活動区域である保護区ごとに保護司会が設置されています。保護区保護司会は，都道府県ごとに連合会を形成し，法務省の地方機関である保護観察所との緊密な連携の下，更生保護行政の一翼を担っています。

注5）内田博文『更生保護の展開と課題』法律文化社，2015年，67頁。

これらが海外から注目される我が国独自の制度と言われていますが，取調べの段階で被疑者の自白に重きを置いていることも我が国の刑事司法における特徴の一つとして数えられています。検察官が訴追に当たり，自白を重要視するのは，被疑者に真実を語らせ，自らを真摯に振り返させることによって，裁判でしかるべく処分を受けた後は，やり直してほしいとの願いからであるとの意見[注6]もあります。確かに真実を語らないような状態では，立ち直りに向けて地域社会に温かく受け入れられるのが難しくなることは，容易に想像できます。

　我が国の検察官は，取調べの段階にあっても，被疑者の更生をも視野に入れ，犯罪事実はもとより，その動機，背景などの詳細な供述を得ることにも心血を注いでいるのでしょう。

第３節　犯罪予防活動

　犯罪のない明るい社会の実現は，誰もが希求する願いです。日常的に悪事に手を染めている人であっても，自らが犯罪の被害者になることを怖れ，実際に被害に遭ったときは，警察に被害を申告することでしょう。地震や津波に代表される天変地異などの自然の猛威によって被害を受けたときと違い，人災の場合，被害者は，これを引き起こした人を非難せざるを得ません。ましてや，過失でなく，故意であれば，激しい怒りとともに，報復感情が沸き起こりますが，近代では，国家などが刑罰権を占有し，私的制裁を禁じた上で，罪と罰を定めた法の下で裁く刑事司法システムが構築されています。

　フランスの社会学者であるデュルケムは，罪を犯した者が処罰されることが「見せしめ」となり，これによって，人々が法規範を犯すことを差し控え，結果的に社会秩序が維持されるという潜在的な機能を指摘しています。犯罪が非難され，犯罪に至った者が社会から排除されるのは，ある意味，正常な社会と言えます。犯罪が非難されることなく，犯罪に至った者が平然と暮らす事態となれば，被害に遭った人々が泣き寝入りをする暗い社会となること

注6)『法学セミナー』日本評論社，2002 年 5 月号（No.569），11 頁。

は，想像に難くないでしょう。

　非行や犯罪に対し，これを許さないという毅然とした態度が求められることは言うまでもありません。しかし，その一方で，前非を悔い，立ち直ろうとする者に対しては，温かい眼差しで見守り，ときとしては，救いの手を差し伸べることも大切です。さもなければ，彼ら彼女らが立ち直りの機会を逸した結果，再び悪事を働き，新たな被害者を生み出しかねないからです。第1章第2節で言及した**排除と隔離のスパイラル**から脱出させるためには，悪事に手を染めた者を排除し，隔離するばかりではなく，更生の意欲のある者に対しては，これを受容するという大らかで穏やかな社会にしていかなければなりません。

　昭和24年に今日の更生保護法の前身とも言える「犯罪者予防更生法」（昭和24年法律第142号，平成19年法律第88号により廃止）が制定されました。戦後の荒廃した社会にあって，子どもたちの将来を危惧していた東京・銀座の商店街の有志が非行少年や犯罪者の立ち直りの支援と犯罪の予防を目的とする犯罪者予防更生法の趣旨に賛同し，同年7月13日から1週間にわたって「犯罪者予防更生法実施記念フェアー（銀座フェアー）」を開催しました。軽音楽などの催し物のほか，銀座の飲食店の従業員延べおよそ2,000人が二葉のバッジを売り，その売上金を更生保護のために寄付しました。この運動が契機となって，罪を犯した人たちの立ち直りと犯罪の予防のためには，一般市民の理解と協力が必要不可欠であるという認識が広がりを見せました。昭和26年からは，法務省主唱の国民運動として，「**社会を明るくする運動**」と名づけられ，毎年，7月の強調月間には，全国各地で，街頭啓発活動，講演会，作文・標語コンテストなどの様々な行事が実施されています。

　「社会を明るくする運動」について，特筆すべきことは，商店街の一般の市民が法律の趣旨に賛同し，自分たちに何かできることはないかと立ち上がったことです。ジョン・F・ケネディの大統領の就任演説の一節「国家があなたのために何をしてくれるのかを問うのではなく，あなたが国家のために何ができるのかを問いたまえ（Ask not what your country can do for you, ask what you can do for your country.）」が脚光を浴びたのが1960年，すなわち，昭和35年ですから，それより11年も前に未だ敗戦の色濃い我が

国で，この格言をすでに実践している無名の人々がいたというのは，まさに驚きです。当時，GHQによる民主政策が矢継ぎ早に打ち出されていますが，この運動からは，平和を希求する文化国家を築こうとする草の根の民度の高さを窺わせます。

　ところで，「社会を明るくする運動」に代表される**犯罪予防活動**と児童の登下校の見守り活動や防犯パトロールなどの地域住民による**防犯活動**との違いは，何でしょうか。確かに両者は重なり合う部分が多く，少なくとも繋がっているものです。あえて両者の違いを言うならば，後者が犯罪の被害に遭わないためには，どうすべきかという眼差しに力点が置かれるのに対し，前者は，罪を犯した人に再び罪を犯させないという視野をも含み，世論を啓発することはもとより，社会環境の改善とともに，地域住民の活動を推進しようとするものですが，犯罪が起きない安全で安心な街づくりという目標では，両者は一致し，違いはありません。

　繰り返しになりますが，犯罪を憎み，これを行った者を非難した上で，一定期間，排除したり，隔離したりするのは，社会正義を実現するために必要不可欠なことです。しかし，その一方で，罪を犯したことを反省し，立ち直ろうとする者を温かい眼差しで見守り，必要に応じて救いの手を差し伸べるという態度を持たなければ，加害者がやり直す機会を逸したまま，再び悪事に手を染めてしまい，新たな被害者を生み出しかねません。言い換えれば，犯罪を行った者を異化させるという「排除」・「隔離」のベクトルと立ち直ろうとする者を同化させようとする**「受容」・「包摂」**のベクトルは，方向は正反対であるとは言え，力動（エネルギー）は，同じものであると思われます。正義感の強い取締官ほど，容疑者の行く末に思いを馳せ，犯罪をした者の更生に力を注ぐ保護司ほど，根底に「ほっとけない」または「見過ごすわけにはいかない」という強い正義感を抱いているものです。「愛」の反対は，「憎しみ」でなく，「無関心」であるというマザーテレサの言葉がとても腑に落ちます。

　地域社会の連帯が希薄になりつつある今日において，非行や犯罪のない明るい社会の実現のためにも，非行のある少年や犯罪をした者に対する異化（排除・隔離）と同化（受容・包摂）の力動が適正に発動されるべく，**地域社会**

の組織化（コミュニティ・オーガナイゼーション）が求められていると言えるでしょう。

第4節　社会環境の改善

　言うまでもなく，犯罪は社会現象なので，犯罪に至る行動を促進させる社会環境を把握し，これを改善させることは，有用と言えます。社会環境を改善させる上で，とても示唆に富むのが**ブロークン・ウィンドウズ理論**[注7]です。ブロークン・ウィンドウズとは，文字どおり「割れた窓」のことで，これを修繕せず，放置しておくと，その建物は，誰も管理していないと受け取られ，落書や不法侵入が発生します（図11参照）。その時点で，すでに軽微な犯罪が発生しているのですが，被害届も出さずにそのままにしておくと，建物を勝手に使われ，ますます荒廃していきます。すると，その建物の周辺が無法状態と化し，窃盗などの犯罪が多発するようになり，その地域の治安の悪化に伴い，警察の捜査が後手に回るなどして強盗や殺人などの凶悪な犯罪が起こりやすくなるという理論です。

　1994年にルドルフ・ジュリアーニがニューヨーク市の治安回復を公約として市長に当選すると，彼は，ブロークン・ウィンドウズ理論を提唱しているラトガース大学のケリング教授を顧問に迎え，治安対策に乗り出しました。具体的には，落書き，未成年者の喫煙，無賃乗車，万引き，騒音，自動車の違法駐車などを徹底的に取り締まるとともに，路上屋台やポルノショップを締め出し，路上生活者（ホームレス）を自立支援施設などに入所させるなどの対策を施しました。その結果，5年間で凶悪な犯罪の認知件数が大幅に減少し，ブロークン・ウィンドウズ理論を基盤にした治安対策が脚光を浴びました。我が国の都会の街角にある「交番」がブロークン・ウィンドウズ理論を発案する契機になったとも言われ，このことは，日常的な小さな秩序の乱れも見逃さず，警察官が適切に介入し，秩序を維持することの重要性を示唆しています。加えて，ブロークン・ウィンドウズ理論は，犯行空間を対象と

注7）1982年に米国のジョージ・ケリングとジェイムズ・ウィルソンが発表した。

図 11 ブロークン・ウインドウズ理論

する「犯罪機会論」という学問を後押しし，地域住民の防犯に対する当事者意識を喚起させ，街角の清掃活動，花壇づくり，地域住民によるあいさつ運動，防犯パトロール，薬物乱用防止教育などを行うことの有効性を理論づけています。

　清潔な街並みで，人の目が行き届き，通行人の目を楽しませる花壇などが至る所にあって，顔を合わせれば，住民が「こんにちは」と声をかけてくれる街では，たとえ，犯行の動機が形成されたとしても，「顔を覚えられた」とか「誰かに見られている」という意識が先行し，犯行を思い留まることが期待できます。ブロークン・ウィンドウズ理論は，地域住民による心がけや自主的な地域活動が犯罪の大きな抑止力になり得るという結論を導くもので，地域社会の組織化（コミュニティ・オーガナイゼーション）を考える上で，とても魅力的であると言えるでしょう。

　なお，年少者を狙った性犯罪については，満 7 歳の女子児童が被害に遭うことが突出して多く，犯行時間帯は，平日の午後 2 時台から午後 4 時台に集中し，犯行場所は，①路上，②住宅敷地内，③公園の順で多いという調査結果が平成 18 年版「犯罪白書」に掲載されています[注8]。この調査結果から，小学校の年少女子児童が下校時に被害に遭いやすいことが窺われ，地域におけ

注 8）平成 18 年版「犯罪白書」，法務省法務総合研究所，2006 年，257 頁。

る防犯パトロールの有効性を考えるに当たっての根拠になるものと思われます。

　社会環境の改善は，地域社会，すなわち，コミュニティだけの課題ではありません。今日では，テレビやラジオ放送などのマスメディアだけでなく，インターネットを通じて様々な影響を受ける時代となりました。長年，刑務所の篤志面接委員[注9] として活躍されている講談師の旭堂南鱗さんは，「最近の漫才は，言葉が下品で，『お前』『俺』と言って頭をバシッと叩くのを見かけますが，今は亡き「いとし・こいし」師匠に代表される一昔前の漫才では，『君な』『僕な』と声をかけ，ほのぼのとした温かいやりとりで笑いを誘ったものです。私の師匠からは，『芸に品を持て。人間性が出るぞ』と，しばしば注意されたものですが，最近は，言葉が乱暴ですね」と講演で語られていました[注10]。確かにテレビのバラエティー番組では，芸をすることを諦めた「お笑い芸人」が「いじられキャラ」と称される芸人をからかっては，面白がるというシーンが視聴率を稼いでいるようです。中には，「大人のいじめ」としか思えない番組もあるのが残念です[注11]。「いじめ」が「笑い」となり，「笑い」が「いじめ」となっている風潮を受け，子どもたちが「面白いからいじめる」というノリと勢いで，無自覚にいじめを続け，いじめられた子どもが死へと追い詰められているとしたら，これは，大人の重大な責任です。かつての日本人は，強きをくじき，弱きを助けるのが美徳とされ，落語などで弱者が強者に一本取る様子が「笑い」として語られています。判官贔屓（ほうがんびいき）という言葉があったり，「やせ蛙　負けるな　一茶ここにあり」という俳句にもあるように，日本人の胸中には，元来，弱者に対する労（いた）わりや思いやりがある

注9）全国の矯正施設（刑務所，少年院等）で，受刑者や少年院在院者の改善更生を図るため，専門的な知識や豊富な経験を有する民間人が篤志面接委員として矯正管区長から委嘱され，相談に乗ったり，指導をしたりしている。

注10）大津保護区自主研修会（平成29年12月6日，琵琶湖ホテル）における講演。

注11）かつて水着姿の芸能人が熱湯風呂に入れられ，「熱い」「熱い」とのた打ち回るのを見て笑い取ろうとするテレビ番組が青少年の関心を集めた。一方，平成11年に栃木県内で19歳の少年3人らが同年の知人をおよそ2カ月にわたってホテルなどに監禁し，「熱湯コマーシャル」と称して高温のシャワーをかけるなどのリンチを繰り返しつつ，消費者金融などから借金をさせ，巻き上げた挙げ句に被害者を絞殺して死体山林に遺棄したという凶悪事件が起きている。

ように思います。

　今やインターネットが急速に普及し，スマートフォンなどの携帯端末を持ち歩き，いつでもどこでも世界中に散らばる多種多様な人々と時空を超えて繋がる時代ですが，そもそも，どのようなサイトがあるのかが把握し切れないだけに深刻です。犯罪の共犯者を募集する「闇サイト」なるものがあることが闇サイト殺人事件[注12]で世間に知られることになりました。加えて，社会を震撼させた神戸児童殺傷事件[注13]の加害者である少年Ａを「王様」と呼ぶインターネット上の掲示板が現れ，その掲示板を利用していた女子大学生が知人女性を殺害する事件が発生しているほか[注14]，交流サイトで知り合い，性犯罪の被害に遭う例も多く，問題視されています[注15]。このような類いのサイトの規制を求める声は大きく，犯罪予防を考える上での大きな課題の１つです。そもそも，我が国は，暴力やポルノを描写する映像などがインターネットやレンタルビデオ店で容易に入手できる環境にありますが，米国連邦捜査局（FBI）の元心理分析官で，プロファイリングという犯人像を絞り込む捜査手法で著名なロバート・レスラーが神戸児童殺傷事件の加害少年がホラービデオなどの暴力映像を頻繁に視聴していたことに着目し，暴力映像は，精神が不安定な状態にある者にとっては，刺激が強く，危険であると指摘し，これらを取り締まる必要性を訴えています[注16]。

　また，周囲に多くの人がいることによって，「自分が動かなくても，誰かが動くだろう」という責任が分散される結果，援助行動が抑制されてしまう**傍観者効果**[注17]についても，注目すべきです。平成19年に男性の乗客が特

注12）平成19年8月，名古屋市内の住宅街の路上で，帰宅途中の女性（当時31歳）がインターネットの「闇の職業安定所」という闇サイトで知り合った男性3人によって，拉致され，銀行のキャッシュカードなどが奪われた挙げ句に殺害され，山中に遺棄された。

注13）平成9年3月，神戸市須磨区内で10歳だった女子児童が金槌で頭を殴られ，1週間後に死亡。同年5月，11歳の男子児童が絞殺され，その後，切断された遺体の一部と「酒鬼薔薇聖斗」（さかきばらせいと）を名乗る犯行声明文が区内の中学校の校門で発見された。兵庫県警は，同年6月，殺人などの容疑で中学3年生の生徒を逮捕した。

注14）中日新聞2017年6月25日朝刊「少年と罪第2部「Ａ」，20年」。

注15）読売新聞2017年4月20日朝刊。

注16）中日新聞1997年7月6日朝刊「14歳の凶行」。

急列車内で女性の乗客に乱暴し，強姦容疑で逮捕される事件が発生しました。犯行時，列車内には約 40 人の乗客がいたとされ，犯行の一部が乗客の目の前で行われたにもかかわらず，誰も制止したり，通報したりしなかったということで衝撃を与えましたが[注18]，この事件で傍観者効果が働いていた可能性も否めません。このような悲劇を二度と発生させないためにも，傍観者効果を理解した上で，車掌らによる監視の強化や通報システムの整備を施すなどの社会環境を改善することが求められます。傍観者効果は，列車内に限らず，学校内でのいじめや繁華街で起きる犯罪などの対策を考える上でも，必要不可欠な知識と言えるでしょう。

第 5 節　健康管理

犯罪が人間によって行われるものである以上，人体の生理現象と密接に関連しています。広島市内で空腹に耐えかねた若者に無償で食事を提供する活動を続け，「ばっちゃん」と敬愛されている中本忠子さんは，かつて保護司としても活躍されていましたが，非行に至る大きな要因の 1 つが空腹であることに気づきました。以来,「腹一杯にしてあげよう」という素朴な思いで，40 年以上も，この活動を続け，多くの若者が立ち直っていくのを目の当たりにしたとのことです[注19]。空腹状態は，血液中の血糖値の異常な低下を招き，その結果，苛々した心理状態に至り，攻撃性が高まることは，誰しも経

注 17) 米国の社会心理学者であるラタネらの実験が有名である。大学生に学生生活についての議論をしてもらうに当たり，お互いに顔を見ないようにするため，インターフォンを使用した。議論の最中に，参加者の 1 人が発作を起こし，助けを求めるという設定を意図的に作り，グループの大きさによって，援助行動に違いが起きるかを試みた。被験者を 2 人，3 人，6 人の 3 つのグループに分け，実験したところ，2 人のグループの場合，1 分以内に 85％の人が自分の部屋を出て助けようとしたのに対し，6 人グループの場合，1 分以内に助けようとした人は，31％に留まった。助ける人が多ければ，多いほど責任の分散が起こり，援助が得られにくいという逆説が実証された。

注 18) 中日新聞 2007 年 4 月 23 日朝刊。

注 19) 伊集院要『ばっちゃん～子どもたちの居場所。広島のマザー・テレサ～』扶桑社，2017 年。

験していることでしょう。校内暴力を頻繁に起こす生徒が「朝食抜き」の食生活であったり，刑務所を出所しても，生活再建ができず，空腹に耐えかねて窃盗や強盗に及んだりしている例も散見されます。第3章第1節2において触れたとおり，覚醒剤の乱用につながる危険な感情の揺れ動きの1つにHungry（空腹）が含まれているのも改めて頷けます。

　大脳生理学の進歩によって，セロトニンという脳内のホルモンが不足すると，目先の利益に囚われず，計画を立てて将来の目標に向かって行動するのに重要な場所である大脳の前頭前野の働きが鈍くなり，自殺などの衝動的な行動をとりやすいことが明らかになっています[注20]。セロトニンを増加させるためには，トリプトファンというアミノ酸の一種のほか，ビタミンB6などの成分が必要で，魚，大豆，アボカド，ナッツ，バナナ，パイナップル，緑黄色野菜，牛乳，チーズなどを適量に摂取した上で，起床したら，朝日を浴び，リズム体操などの適度な運動をするのが良いとされています[注21]。まずは，食生活を充実させ，適度な睡眠と運動を確保するという規則正しい生活習慣を確立させた上で，それでもなお，十分ではないときは，障害として受け止め，専門医の治療を受けさせるべきでしょう。再犯の防止を含め，犯罪の予防に当たっては，個々の健康管理が大切であることは言うまでもなく，健康科学や生活科学の知見を積極的に取り入れ，非行のある少年や犯罪をした者の処遇に反映させることが求められます。

　一方，自ら健康を管理することができない子どもの場合，保護者によって命運が左右されます。不幸なことに貧困や虐待などの様々な事情で，健康で文化的な生活が営まれないまま，不潔な装いと乱暴な言動をとり続け，学校などに適応できず，引きこもったり，非行に至ったりする例が散見されます。もっとも，この場合，児童相談所が介入し，児童養護施設に入所させたりする措置が用意されていますが，「こどもソーシャルワークセンター」の代表である幸重忠孝さんは，児童養護施設や大学での勤務経験を踏まえ，専門機関というセーフティネットだけでなく，地域社会の中で，丁寧に子どもたち

注20）『日経サイエンス』2003年5月号。

注21）西山由美『子どもの未来は100％朝ごはん』ワニ・プラス，2020年，138～139頁。

と関わり，家庭に代わる温かい居場所を確保することの必要性を訴えつつ，自らも実践しています。幸重さんらは，週に2回の頻度で，午後5時から保護者が帰宅するまでの時間を子どもたちと過ごし，ボランティアのスタッフの協力を得て，一緒に夕食を作って食したり，銭湯に行ったりしています[注22]。ただひたすらに「構ってほしい」という気持ちでいる子どもたちにとっては，敷居の高い専門家よりも，地域の「お兄さん」「お姉さん」「おじさん」「おばさん」などの身近な人々の方が気兼ねせず，懐きやすいようです。彼ら彼女らは，保護者に甘えられない分，ここで思う存分に構ってもらうことで快活さを取り戻し，登校しているとのことです。彼ら彼女らの甘えの対象を学校の教諭が担うこともあるようですが，生徒の何人かは，教諭に甘えたくてもやせ我慢していることもあって，これをすべて担うと，場合によっては，教諭が疲弊しかねません。

　かつて，保護観察を受けている生徒が何人も在籍している中学校を定期的に訪問し，校内で彼らと面接をしたことがありますが，職員室の廊下一杯に十数人の生徒が座り込み，教諭を見かけると，「先生，先生」と何人かの生徒がまとわりつく傍らで，廊下に自転車で乗り込む生徒まで現れる異様な光景を目の当たりにしました。この中学校の教諭は，校長の方針もあって，生徒の面倒見が良く，私どもも敬意を払っていましたが，その一方で，「やんちゃすれば，先生が振り向いてくれる」という構図も浮かび上がることが否めず，複雑な心境を抱きながら，中学校を後にしたことが思い出されます。現在は，スクールカウンセラーやスクールソーシャルワーカーなどが配置されていますが，「構ってほしい」という寂しさや「逃げ出したい」という心の叫びに対し，時間をかけて寄り添える健全な大人が多いほど心強いものです。

　彼ら彼女らを孤独にさせておくと，荒んだ気持ちを埋め合わせようとしてインターネットに接続し，心の隙間に忍び込もうとする悪意のある大人の餌食になりかねません。保護者に甘えられない子どもらにとって，地域の身近な人たちがこぞって寄り添う中本さんや幸重さんらの取り組みは，救いを施すものとなり得るでしょう。

注22）特定非営利法人「山科醍醐こどものひろば」編，幸重忠孝，村井琢哉『子どもたちとつくる・貧困とひとりぼっちのないまち』かもがわ出版，2013年。

第6節　多機関連携

　一般的に仕事量が増えれば，進化の法則を持ち出すまでもなく，機能が分化され，組織が複雑になります。行政も同じで，人口規模が大きくなれば，多くの機関が独立し，それぞれの専門性が高められることが期待されます。しかし，その一方で，機関同士が風通し良く連携しないと，責任の分散が生じ，仕事の押し付け合いに陥る危険性があります。とりわけ，生活が困窮し，精神障害を抱え，児童虐待や配偶者暴力が頻発する者である場合，1人の担当者，1つの機関の対応では，十分でないことが多いと言わざるを得ません。ここは，本人の同意を得た上で，福祉事務所，保健所，児童相談所，警察署，保護観察所（保護観察に付されている場合）などの関係機関がスクラムを組み，ワンチームで対応することが求められます。言うなれば，関係機関が協力し合って，重たい荷物を皆で担ぐという姿勢が不可能であったことを可能にさせるのです。

　令和元年度，岐阜市において，福祉事務所，保健所，公共職業安定所，警察署，婦人相談所，児童相談所，保護観察所および保護司会の代表者を束ねる再犯防止推進関係機関代表者会議が立ち上がり，岐阜市の再犯防止推進計画に位置づけられました。これは，関係機関のトップ同士が顔と顔が見える連絡網（ネットワーク）を作り，相互理解を促すとともに，必要な情報を共有することで，最前線にいる職員が機関の垣根を越えて連携（リレーション）や協働（コラボレーション）しやすくするもので，再犯防止はもとより，安全で安心な地域社会づくりのため，大きな可能性を秘めています[注23]。

　刑事司法の領域において，かつては，人権上の配慮もあって，慎重さを期すあまり，関係機関との連携に消極的であったことは否めませんが，ストーカー行為等の規制等に関する法律（平成12年法律第81号），児童虐待の防

注23）英国では，MAPPA（Multi-Agency Public Protection Arrangements）という法定の多機関連携社会防衛協議会があり，一定の危険な犯罪者について，関係機関による定期的な会合を開催し，社会防衛とリスク管理を行っている（平成18年版「犯罪白書」第6編第4章第5節3）。

止等に関する法律（平成12年法律第82号），配偶者からの暴力の防止及び被害者の保護等に関する法律（平成13年法律第31号），犯罪被害者等基本法（平成16年法律第161号），再犯の防止等の推進に関する法律（平成28年法律第104号）などが制定され，今日では，安全で安心な地域社会を実現するため，関係機関との連携が充実強化される動きがあります。その地殻変動の根底にあるのは，「国民の自由を守る刑事司法」から「国民の安全に役に立つ刑事司法」へのパラダイムの変革であるとも言われています。

第7節　保護司制度と日本人の心性

かつて，国際連合アジア極東犯罪防止研修所[注24]での国際研修に参加する機会に恵まれたことがあります。アジアを中心とする国々の刑事司法に携わる実務家を集めての研修ですが，多くの外国人の研修員は，我が国の保護司制度に強い関心を示すとともに，実際に刑務所出所者らを自宅に招き入れ，面接を積み重ねている保護司らとの交流会を通じて感銘を受け，「自分の国にも，こんな制度があったら良いのに」との発言が相次いだことが思い出されます。ちなみに，保護司制度は，我が国の固有の制度でしたが，最近では，我が国の支援を受け，タイ，フィリピン，シンガポールなどの東南アジア諸国でも導入されています[注25]。

我が国の保護司制度は，郷土を愛し，犯罪のない明るい社会を実現させようとする地域住民の活動を刑事司法の一部に取り込んだものです。法務大臣から委嘱を受けた保護司は，地域の住民でありながらも，非常勤の国家公務員という肩書を持ち，保護観察所に勤務する保護観察官と協働して保護観察

注24）国際連合と日本国政府との協定に基づき，アジア・太平洋地域を中心とした国々の刑事司法行政の健全な発展と相互協力の促進を目的として，昭和36年に設立された国連の地域研修所。法務省の法務総合研究所国際連合研修協力部が運営を任され，犯罪防止・刑事司法関係者の実務家を招へいし，研修を実施しているほか，海外においても技術協力事業や各種調査研究などを行っている。

注25）『罪と罰』第52巻第3号，日本刑事政策研究会，田代晶子「世界から見た日本の保護司制度」122頁。『犯罪と非行』No.172. 2012年5月号，日立みらい財団，横地環「フィリピン保護司育成支援の十年」200～214頁。

などを行っています。通常は，保護観察官が都道府県を跨いで転勤を重ねるのに対し，保護司は，特段の事情がない限り，地域の住民であり続けます。社会学で言うところのアソシエーション[注26]に属する保護観察所をコミュニティの代表でもある保護司が支えるという構造です。あるいは，視点を変えれば，ゲゼルシャフト[注27]としての立ち位置である保護観察官をゲマインシャフト[注28]の立場で補完するという機能も併せ持つと言えるでしょう。保護司が保護観察対象者に対し，あれこれ心配し，世話を焼くのは，保護司という役割だからではなく，その立場を超えて，我がごとのように憂い，喜ぶ情緒的関係性によるものだからです。

　こうした制度の根底に国家を信頼する「お上意識」と自分たちが住む地域のために貢献しようとする「おらが街意識」の融合を見ることができます。ある意味，中央集権的な「縦の糸」と地方自治的な「横の糸」を編み込み，「保護司制度」という素朴な布を織りなしているとも言えるのかもしれません。

　政権を暴力で転覆する革命の歴史を持ち，様々な事情で地域が分断されている国々では，このような制度が生まれるのが困難であることは，容易に想像できます。有史以来，外国に征服されたこともなく，欧米列強の植民地になることも免れ，「困ったときは，お互い様」という共同体意識の下，素朴に他者を思いやる優しさを表現し，これに甘えることができる社会は，世界的に見て稀有なのかもしれません。他者の力を借りず，一人で偉業を成し遂げるヒーローを称える西洋人に対し，日本人は，他者の力を借りながらも，世のため，人のために尽すことに最高の賛辞を贈ることを惜しみませんが，「保

注26）米国の社会学者であるマッキーバーは，一定地域の住民が特定の帰属意識を持ち，住民相互の交流が行われているコミュニティ（共同体）を基盤として，特定の機能を分担するために人為的かつ計画的に組織されるアソシエーション（機能集団）として類型化した。アソシエーションの代表的なものは，学校，企業，病院，官庁，政党，組合などが挙げられる。

注27）ドイツの社会学者であるテンニースは，集団の結合性質に着目し，利害関係に基づき，機能を最優先にして人為的に結び付いた社会の類型をゲゼルシャフトとした。

注28）ゲゼルシャフトの対をなすテンニースの概念。愛情や友情などの感情融和に基づいて自然発生的に結びついている社会の類型をゲマインシャフトとした。ゲマインシャフトは，あらゆる分離にもかかわらず，本質的には結合しているのに対し，ゲゼルシャフトは，あらゆる結合にもかかわらず，本質的には分離している。

護司制度」に代表される我が国の更生保護は,「甘え」を基調とする伝統的な集団主義の基盤の上に成り立っているのでしょう。

「保護司制度」という素朴な布で包まれた刑務所出所者らが一定の時間をかけながらも,地域社会に自らが必要とされる明るく健康な居場所を見つけ,社会の善良な一員となるべく溶け込んでいくことが期待されます。

日本人は,「○か×」という二項対立を嫌い,これにあえて「△」を加え,あいまいな解決をすることを好みますが,「△」があることによって,異質なものを排斥せず,取り入れることができるため,折衷的で包括的な「和」を貴ぶ文化が形成されたと考えられます。我が国では,年末になると,クリスマスを祝い(キリスト教),大晦日には除夜の鐘を鳴らし(仏教),年が明けると,初詣をする(神道)という行動様式が国民に定着していますが,この大らかさこそが前非を悔いる人々を受容する力動を後押ししているのでしょう。

また,サッカーのワールドカップの試合後,敗戦にも関わらず,スタントでごみ拾いに精を出す日本人サポーターの行動が海外で賞賛の的になったことに象徴されるように,日本人の勤勉さと几帳面さについては,改めて指摘するまでもないでしょう。

殊更に日本人の心性を称え,ナショナリズムを煽ることには慎重でなければなりませんが,勤勉かつ清潔で,「和」を貴ぶ日本人の心性が我が国の治安の良さに貢献していることに疑いの余地はありません。このことを誇りに思いつつも,誰もが犯罪に遭うことなく,心豊かに安心して暮らせる社会を持続させるべく不断に努力する重要性を改めて痛感する次第です。

第8節　更生保護の精神

更生という二文字を組み合わせ,一文字にすると,「甦」という文字,すなわち,「甦る」という言葉ができ上がります。更生保護とは,裁きを通じて芽生え始めた「前非を悔いて真人間に生まれ変わろう」とする「更生の意欲」を地域社会の中で育んでいこうとする取り組みにほかなりません。しかし,現実は厳しく,せっかく芽生えた「更生の意欲」がいつの間にか摘み取

られてしまうこともしばしばです。その一方で，か弱く，わずかな芽生えで
あっても，いや，それゆえに，誰かが見捨てることなく見守り，素朴な愛情
を注ぐことで，しっかりと根を張り，揺るぎない幹になるのもまた現実です。

　16歳ですでに母親となったある保護観察対象者は，実家である母親のも
とに身を寄せ，乳呑児を抱える日々となりました。とは言え，遊びたい盛り
の十代の女性にとって，夫のいない状態での初めての子育ては，想像を超え
るものがあります。ある日，些細なことで同居する母親と喧嘩し，乳呑児を
抱いたまま，家出をしてしまいました。向かった先は，担当の保護司のもと
でした。担当の保護司は，突然，訪問した彼女を温かく迎え入れ，飲み物を
用意した上で，じっくりと話を聴き，落ち着かせてから，乳呑児とともに彼
女を母親のもとに送り届けました。自暴自棄となったとき，駆け込んだとこ
ろが保護司のもとであったことは幸いでした。これまでの関わりの中で彼女
の頭に自然と保護司の存在が浮かんだのでしょう[注29]。その後，彼女は，担
当の保護司との面接を積み重ねるうちに，次第に親としての自信を身につけ，
無事，保護観察が解除されました。

　非行のある少年や犯罪をした者の多くは，同じ境遇にある者を除き，他者
に心を開こうとはしません。内心では，世間に対する負い目と敵対心を抱い
ているからです。彼ら彼女らと関わる人たちの施しに対しても，「仕事で立
場上，そう言っているだけでしょう」という台詞に代表されるように，額
面どおり受け取ろうとしないこともしばしばです。しかしながら，素朴な愛
情をもって関わるうちに，「この人は，立場でものを言っているんじゃない。
心底，自分のことを思いやってくれているんだ」と受け止め始める者も少な
くありません。立場や役割を超えた信頼関係が生まれる瞬間に立ち会えるの
は，大きな喜びの一つです。

　ところで，フランスの文豪であるビクトル・ユーゴーの代表的な小説『レ・
ミゼラブル』に次のような有名な一節があります。

　ミリエル司教のところで一泊したジャンバルジャンは，翌日，銀の食器

注29）『保護司だより』第27号「保護司さんの存在」（大津保護観察所保護観察官・葛原勇気）
（発行日・平成30年9月30日）（発行所・守山保護区保護司会）。

を盗んで消えました。後日, 警察官に捕まり, 司教の前に突き出されたジャンバルジャンに対し, 司教は, こう言います。

　　「銀の燭台も差し上げたのだが, なぜ銀の食器と一緒に持っていかれ
　　なかったのかな。」

　濡れ衣ということを悟った警察官は, 直ちにジャンバルジャンを放免しますが, 唖然として立ちすくむジャンバルジャンに対し, 司教は, 耳元で, こう囁きます。

　　「忘れるでないぞ。この銀の燭台は, あなたが正直な人間になるため
　　に使うと私と約束したことを……。」

　これを機にジャンバルジャンは, 更生へと目覚めます。「悪に報いるに善をなす」という逆説（パラドックス）こそが更生保護の神髄の一つであると言えます。
　平成28年12月に制定された**再犯の防止等の推進に関する法律**は, 地域社会で孤立しがちな非行のある少年や犯罪をした者に対し, まさに地域ぐるみで, 再び罪を犯させないように, できる限りの手を尽くしていこうとするものです。私たちが住むすべての地域において, か弱くわずかな更生への芽生えであっても, これが根づくことのできる心優しい土壌が広がることを願ってやみません。

あとがき

　病気になったり，怪我をしたりすると，たいていの人は，自ら進んで病院を探し，治療を受けます。症状が重ければ，重いほど，医者にかかろうとします。一方，犯罪をしたとなると，全く正反対の様相を呈します。自ら進んで警察に相談に行くことは稀有でしょうし，更生の機会を与えられ，保護観察に付されたとしても，大半が嫌々，渋々の心情を抱え，犯罪傾向が進んだ者ほど，これを忌避する傾向にあります。高額な治療費を支払わなければならない病院には通い続けても，無料である保護司による面接の約束を守れない人は，残念ながら，珍しくはありません。医者の前では，症状を隠さないのに，保護司の前では，生活の実態を取り繕うこともしばしばです。両者の決定的な違いは，動機づけの在り様に起因するものと思われます。

　彼ら彼女らが「保護観察を受けなければ，矯正施設に収容されるかもしれない」というペナルティによる「外発的な動機付け」によって行動していたとしても，根気よく関わり続け，「今度こそ，立ち直ろう」と自らを鼓舞する「内発的な動機付け」へと切り替えさせることができるのかが私どもの腕の見せどころとも言えます。これと並行し，再犯を防ぎ，立ち直りへと向かわせるための見立てをしつつ，しかるべき手当てを積み重ねていきますが，予期せぬ社会の荒波に見立てや手当てが飲み込まれてしまうこともあります。そのようなときは，改めて見立て直した上で，視野を広げて別の手当てを探し求め，これを試してみるという地道で謙虚な関わりをしなくてはなりません。

　昭和62年4月に法務省に採用されてから，30年以上が経過しました。その大半を保護観察所に勤務し，事件に強い保護観察官になろうと努力してきましたが，それが果たせたのかは，率直に言って内心忸怩たる思いがあり

ます。厚みのある保護観察事件の記録一つひとつには，主人公である保護観察対象者のこれまでのドラマが記されています。立ち直っていく者もいれば，そうでない者もいます。悪縁を絶ち，良縁に恵まれることの尊さを実感する一方で，悲喜こもごものドラマが過去から未来へと連続する現在進行形の最中に関わる責任の重さを噛み締めることもしばしばです。

　我が職業人生も終焉が近づき，立場上，人前で話をする貴重な機会が得られ，これまで書き留めたノートや集めた資料を見返すことが多くなりました。法令通達に由来する原理原則（principle）と学術に裏付けられた技法（skill）に加え，個々の経験が体系化された流儀（style）が一つになって，実務家としての芸（art）が成り立つと考えつつ，これまで様々な御縁を通じて学び取ったことなどを想起するうちに本書ができ上がりました。本書が保護観察や再犯防止に関心のある方々に対し，多少なりとも，お役に立つことができれば，これ以上の喜びはありません。

　結びに当たりまして，本書の刊行に際し，金剛出版の弓手正樹氏をはじめとする社員の皆様に御支援をいただきましたことに感謝申し上げます。

[著者略歴]

長尾和哉（ながお　かずや）

　昭和62年，法務省入省。全国各地の保護観察所のほか，法務省保護局，地方
更生保護委員会，少年院などで勤務し，大津保護観察所長を経て，執筆時，岐
阜保護観察所長。公認心理師。

　著書に『新・社会福祉士養成講座20 更生保護制度』（中央法規出版, 共著),『最
新・はじめて学ぶ社会福祉⑳刑事司法と福祉』（ミネルヴァ書房, 共著),『心の
専門家養成講座⑩司法心理臨床実践』（ナカニシヤ出版, 共著)。

非行・犯罪からの立ち直り
保護観察における支援の実際

2021年 1 月 31 日　発行
2023年 10 月 15 日　3 刷

著　者　長尾　和哉
発行者　立石　正信

印刷・製本　三協美術印刷

装丁　臼井新太郎

装画　サイトウトモミ

株式会社　金剛出版
〒112-0005　東京都文京区水道 1-5-16
　　　　　　電話 03（3815）6661（代）
　　　　　　FAX03（3818）6848

ISBN978-4-7724-1807-2　C3036　　　　　　Printed in Japan ©2021

非行少年の立ち直り支援
「自己疎外・家庭内疎外」と「社会的排除」からの回復

[著]=廣井いずみ

●A5判 ●上製 ●200頁 ●定価 **3,740**円
● ISBN978-4-7724-1429-6 C3011

三十余年にわたって家庭裁判所調査官として
少年事件に関わってきた著者による、
非行少年の立ち直り支援への有益な提言。

非行臨床の新潮流
リスク・アセスメントと処遇の実際

[編著]=生島 浩 岡本吉生 廣井亮一

●A5判 ●上製 ●200頁 ●定価 **3,080**円
● ISBN978-4-7724-1201-8 C3011

非行予防から地域生活支援まで。
非行少年「立ち直り」の新しい流れを
気鋭の実践家，研究者がレポートする。

非行臨床の技術
実践としての面接・ケース理解・報告

[著]=橋本和明

●A5判 ●上製 ●260頁 ●定価 **4,180**円
● ISBN978-4-7724-1192-9 C3011

罪状決定・更生措置へと少年を導く非行臨床について、
家庭裁判所調査官経験の著者が
ケースレポートから編み出す 10 の技術論。

価格は10%税込です。

性暴力被害の心理支援

[編著]=齋藤 梓 岡本かおり

●A4判 ●並製 ●248頁 ●定価 **3,520**円
● ISBN978-4-7724-1922-2 C3011

性犯罪や性暴力の被害に遭った方を支援する際に、
知っておくべき基礎的な知識や心理支援の基本を、
架空事例をとおして詳述する。

暴力を手放す
児童虐待・性加害・家庭内暴力へのアプローチ

[著]=佐々木大樹

●A5判 ●並製 ●212頁 ●定価 **3,520**円
● ISBN978-4-7724-1961-1 C3011

暴力の定義，起源，要因や各領域での支援実践を概観し、
児童の暴力を手放すための支援モデルと
セラピストの適切な「ありよう」を提示する。

思春期・青年期
トラブル対応ワークブック

[著]=小栗正幸　特別支援教育ネット(制作委員会)

●B5判 ●並製 ●200頁 ●定価 **2,640**円
● ISBN978-4-7724-1677-1 C3011

発達障害・愛着障害・被虐待経験──。
「読んでわかる、知ってできる」配慮が必要な人への
さまざまなトラブルに対処する"虎の巻"。

価格は10％税込です。

万引きがやめられない
クレプトマニア［窃盗症］の理解と治療

［著］=吉田精次

●A5判 ●並製 ●190頁 ●定価 **2,860**円
● ISBN978-4-7724-1755-6 C3011

クレプトマニア（窃盗症）の臨床像と
具体的な治療方法について解説した
我が国初の本格的な臨床指導書でありセルフヘルプガイド。

罪を犯した女たち

［著］=藤野京子

●四六判 ●並製 ●192頁 ●定価 **3,080**円
● ISBN978-4-7724-1711-2 C3011

どこでどのように間違えて犯罪に至ったのか？
筆者がインタビューを行って得た語りの内容を中心に紹介する
犯罪に走った13人の女たちのライフストーリー。

治療共同体実践ガイド
トラウマティックな共同体から回復の共同体へ

［編著］=藤岡淳子

●A5判 ●並製 ●264頁 ●定価 **3,740**円
● ISBN978-4-7724-1722-8 C3011

強制でも自制でもないもうひとつの回復への回路、
ミーティングとメンバーシップが織り成す
「治療共同体」の可能性を探る。

価格は10%税込です。

性犯罪者への
治療的・教育的アプローチ

[編著]=門本 泉 嶋田洋徳

●A5判 ●上製 ●280頁 ●定価 **4,620**円
● ISBN978-4-7724-1580-4 C3011

「いかに理解し，いかに関わるか」
性犯罪を起こした人を理解・支援するための方法論を解説した、
性犯罪者と日々向き合う経験から織り成された実践知の集積。

DV加害者プログラム・マニュアル

[編著]=NPO法人リスペクトフル・リレーションシップ・プログラム研究会
（RRP研究会）
[編集協力]=森田展彰 髙橋郁絵 古賀絵子 古藤吾郎 髙野嘉之

●B5判 ●並製 ●272頁 ●定価 **3,740**円
● ISBN978-4-7724-1746-4 C3011

DV加害者臨床をめぐる歴史から最新の理論・技法までを一挙掲載。
プログラムを始めたい支援者必携の一冊。

加害者臨床を学ぶ
司法・犯罪心理学現場の実践ノート

[著]=門本 泉

●四六判 ●上製 ●240頁 ●定価 **3,520**円
● ISBN978-4-7724-1704-4 C3011

不適応と逸脱の果てに罪を負い、閉ざされた塀のなかで専門家と出会い、
贖いとエゴの葛藤から一歩を踏み出そうとする加害者たち──
共に歩むひとりの臨床家の実践レポート。

価格は10%税込です。

触法障害者の地域生活支援
その実践と課題

[編著]=生島 浩

●A5判 ●上製 ●248頁 ●定価 **3,960**円
● ISBN978-4-7724-1551-4 C3011

罪を犯した障害者の再犯を防ぎ社会復帰と
地域生活を支える刑事司法と福祉の協働、
そのリアルな臨床実践と課題解決策を提示。

SMARPP-24
物質使用障害治療プログラム 改訂版
集団療法ワークブック

[監修]=松本俊彦 今村扶美 近藤あゆみ
[著]=網干 舞 沖田恭治 川地 拓 嶋根卓也 引土絵未
船田大輔 山田美紗子 米澤雅子

●B5判 ●並製 ●228頁 ●定価 **2,640**円
● ISBN978-4-7724-1866-9 C3011

薬物・アルコール依存症の治療で重要なのは、一人で苦しまないこと
ハームリダクションの概念も取り入れた待望の改訂版が登場！

ハームリダクション実践ガイド
薬物とアルコールのある暮らし

[著]=パット・デニング ジーニー・リトル
[監修]=松本俊彦 [監訳]=高野 歩 古藤吾郎 新田慎一郎

●B5判 ●並製 ●228頁 ●定価 **3,520**円
● ISBN978-4-7724-1902-4 C3011

薬物・アルコールの使用や誤用による「害（ハーム）」を
暮らしの中で「減らす（リダクション）」プロセスを解説。
日本初・ハームリダクションの実践書。

価格は10%税込です。